Guia do Estilo de Vida do Bodhisattva

Ordem sugerida de estudo ou de leitura dos livros de Venerável Geshe Kelsang Gyatso Rinpoche

Como Transformar a sua Vida
Como Entender a Mente
Caminho Alegre da Boa Fortuna
O Espelho do Dharma, com Adições
Novo Coração de Sabedoria
Budismo Moderno
Solos e Caminhos Tântricos
Novo Guia à Terra Dakini
Essência do Vajrayana
As Instruções Orais do Mahamudra
Grande Tesouro de Mérito
Novo Oito Passos para a Felicidade
Introdução ao Budismo
Como Solucionar Nossos Problemas Humanos
Contemplações Significativas
O Voto Bodhisattva
Compaixão Universal
Novo Manual de Meditação
Viver Significativamente, Morrer com Alegria
Oceano de Néctar
Joia-Coração
Clara-Luz de Êxtase
Mahamudra-Tantra

Este livro é publicado sob os auspícios do
Projeto Internacional de Templos da NKT-IKBU,
e o lucro recebido com a sua venda está direcionado para benefício público através desse fundo.
[Reg. Charity number 1015054 (England)]
Para mais informações:
www.tharpa.com/br/beneficie-todos

SHANTIDEVA

Guia do Estilo de Vida do Bodhisattva

COMO DESFRUTAR UMA VIDA DE
GRANDE SIGNIFICADO E ALTRUÍSMO

Traduzido originalmente do sânscrito para o tibetano e revisado por vários tradutores, como Dharmashribhadra, Rinchen Sangpo, Shakyamati, Sumatikirti e Loden Sherab.

A tradução do tibetano para o inglês foi feita por Gen-la Kelsang Thubten sob a compassiva orientação de Venerável Geshe Kelsang Gyatso Rinpoche.

EDITORA THARPA
BRASIL • PORTUGAL

São Paulo, 2022

© Venerável Geshe Kelsang Gyatso Rinpoche e Nova Tradição Kadampa

Primeira edição em língua inglesa em 2002, cinco reimpressões
Segunda edição em língua ínglesa em 2018
Reimpresso em 2019

Primeira edição em língua portuguesa em 2003
Reimpresso em 2015, 2017 e 2022

Título original:
Guide to the Bodhisattva's Way of Life

Tradução, Revisão e Diagramação: Tharpa Brasil

Ilustrações dos capítulos por Chew Choon
Pintura da capa por Belinda Ho

ISBN 978-85-85928-09-4 – brochura
ISBN 978-65-86468-04-5 – ePub
ISBN 978-65-86468-05-2 – kindle

Dados Internacionais de Catalogação na Publicação (CIP)

Kelsang, Gyatso (Geshe), 1931-
   Guia do estilo de vida do bodhisattva / Geshe Kelsang Gyatso;
tradução Tharpa Brasil – 1. ed. – São Paulo: Tharpa Brasil, 2022.
   252p. : 14 x 21 cm

   Título original em inglês: Guide to the bodhisattva's way of life

   ISBN 978-85-85928-09-4
   1. Bodhisattvas 2. Budismo - Tibete 3. Budismo Mahayana
4. Poesia budista I. Título.
03-2661   CDD-294.382

Índices para catálogo sistemático:
1. Poesia : Livros sagrados : Budismo Mahayana 294.382

2022

EDITORA THARPA BRASIL
Rua Artur de Azevedo 1360
05404-003 - São Paulo, SP
Fone: +55 11 989595303
www.tharpa.com/br

EDITORA THARPA PORTUGAL
Rua Moinho do Gato, 5
2710-661 - Várzea de Sintra, Sintra
Fone: +351 219 231 064
www.tharpa.pt

Sumário

Introdução 6
1. Uma Explicação dos Benefícios da Bodhichitta 11
2. Purificar Negatividades 21
3. Gerar a Bodhichitta de Compromisso 33
4. Confiar em Consciencidade 41
5. Guardar Vigilância 51
6. Confiar em Paciência 71
7. Confiar em Esforço 97
8. Confiar em Estabilização Mental 113
9. A Perfeição de Sabedoria 147
10. Dedicatória 187

Glossário 199
Bibliografia 219
Programas de Estudo do Budismo Kadampa 225
Escritórios da Editora Tharpa no Mundo 231
Índice remissivo 235
Projeto Internacional de Templos 249
Encontre um Centro de Meditação Kadampa
    Próximo de Você 251

Introdução

A obra-prima do Budismo, denominada *Guia do Estilo de Vida do Bodhisattva*, foi composta pelo Bodhisattva Shantideva, um grande mestre budista que viveu no século VIII. Essa escritura sagrada é um guia prático que nos ensina como ingressar no caminho budista à iluminação, fazer progressos nele e completá-lo. Resume todos os ensinamentos de Buda e mostra claramente como eles podem ser incorporados em nossa vida diária.

O *Guia* de Shantideva vem sendo a inspiração de importantes obras espirituais, como *Oito Estrofes do Treino da Mente*, do eminente professor Kadampa Langri Tangpa, e *Treinar a Mente em Sete Pontos*, do Bodhisattva Chekhawa. Ambos os textos explicam como apreciar os outros, equalizar eu com outros, trocar eu com outros, praticar o tomar e dar e transformar condições adversas em métodos para atingir a libertação. Todos esses ensinamentos foram extraídos do *Guia* de Shantideva. Muitos praticantes kadampa guardam os ensinamentos de Shantideva em seus corações, e Je Tsongkhapa e seus discípulos louvaram imensamente a obra desse mestre.

Estudando muitos textos budistas, podemos nos tornar famosos eruditos; mas se não colocarmos em prática os ensinamentos de Buda – o Dharma –, nossa compreensão do Budismo permanecerá oca, impotente para solucionar nossos problemas e os dos outros. Supor que somente uma compreensão intelectual do Dharma possa solucionar nossos problemas é o mesmo que esperar ser curado de uma doença apenas lendo a prescrição médica, sem tomar os remédios. Como disse Shantideva no quinto capítulo:

INTRODUÇÃO

(109) Precisamos colocar os ensinamentos de Buda,
o Dharma, em prática,
Porque não há nada que se realize apenas com
a leitura de palavras.
Um doente jamais poderá se curar
Apenas lendo prescrições médicas!

Todo ser vivo tem o sincero desejo de evitar sofrimentos e problemas de modo permanente. Em geral, tentamos obter esse resultado recorrendo a métodos exteriores, mas isso não funciona. Por mais bem-sucedidos que sejamos do ponto de vista mundano – por mais ricos, poderosos ou respeitados que nos tornemos –, nunca encontraremos a libertação permanente do sofrimento e dos problemas. Sofrimento, dor, infelicidade e problemas não existem fora da mente. Eles são sensações desagradáveis, e sensações são tipos de mente. Só poderemos eliminar o sofrimento e os problemas de modo permanente se transformarmos nossa mente. O método para fazermos isso foi claramente explicado no *Guia* de Shantideva.

Na realidade, todos os problemas do nosso cotidiano advêm do autoapreço e do agarramento ao em-si – julgamentos errados que exageram nossa própria importância. No entanto, porque não entendemos esse ponto, costumamos acusar os outros pelos nossos problemas, o que só serve para piorá-los. A partir desses julgamentos errados, surgem todas as nossas outras delusões, como raiva e apego, que nos levam a experienciar problemas infindáveis. Podemos solucionar todos esses problemas, praticando sinceramente as instruções aqui apresentadas.

Devemos, no mínimo, memorizar as estrofes que julgarmos mais significativas em cada capítulo, e contemplar repetidamente seu significado até que nossa mente se torne serena e positiva. Então, tentaremos manter esse estado de paz mental dia e noite, sem interrupção. Agindo assim, nossa vida será feliz e significativa.

Este livro deve ser lido com a mente feliz, livre de distrações e de visões negativas. Também é muito importante aperfeiçoarmos nossa compreensão do *Guia do Estilo de Vida do Bodhisattva*, estudando comentários como *Contemplações Significativas*. Praticando sinceramente essas instruções, vamos transformar nossas intenções comuns e autocentradas em um supremo bom coração, nossas visões comuns e confusas em sabedoria, e nosso estilo de vida comum no estilo de vida de um Bodhisattva. Dessa maneira, atingiremos a suprema paz interior da iluminação, o verdadeiro significado de nossa vida humana.

Geshe Kelsang Gyatso
EUA, abril 2002.

Em sânscrito:
Bodhisattvacharyavatara

Em tibetano:
Jang chub sem pai chö pa la jug pa

Em português:
Guia do Estilo de Vida do Bodhisattva

Uma Explicação dos Benefícios da Bodhichitta

Enquanto todas as outras virtudes são como bananeiras,
Pois se extinguem depois de frutificar,
A duradoura árvore celestial da bodhichitta
Não se exaure, mas aumenta ao dar frutos.

Capítulo 1

Uma Explicação dos Benefícios da Bodhichitta

Homenagem aos Budas iluminados e Bodhisattvas.

(1) Prostro-me aos Budas iluminados, dotados com o Corpo-Verdade,
E aos Bodhisattvas e todos os demais objetos de prostração.
Explicarei brevemente, de acordo com as escrituras,
Como se engajar nas práticas condensadas do Bodhisattva.

(2) Não há nada aqui escrito que não tenha sido antes explicado,
E não tenho habilidades especiais para compor.
Minha razão para escrever é beneficiar os outros
E manter minha mente cônscia.

(3) Assim, a força de minha fé e realizações virtuosas
Podem crescer durante algum tempo enquanto faço isso
E, quiçá, outros seres tão afortunados quanto eu
Também achem meu trabalho digno de ser contemplado.

(4) Esta preciosa vida humana, tão difícil de ser encontrada,
Presenteia os seres vivos com a meta última.
Se não lutarmos para realizá-la agora,
Quando surgirá outra vez oportunidade tão preciosa?

(5) Do mesmo modo que numa noite escura e nublada
Um lampejo de relâmpago, por um instante, tudo alumia,
Para os mundanos, pelo poder das bênçãos de Buda,
Uma intenção virtuosa sobrevém de maneira fugaz e ocasional.

(6) Assim, ao passo que nossas virtudes são quase sempre fracas,
Nossas não-virtudes são extremamente fortes e temíveis.
Além da bodhichitta – a mente compassiva que almeja a iluminação –
Que outra virtude superaria o pior de todos os males?

(7) Os Habilidosos, os Budas, que pensaram sobre isso por muitos éons,
Entenderam que a bodhichitta é a mais benéfica de todas,
Porque, por meio dela, uma quantidade incontável de seres vivos
Pode facilmente atingir o êxtase supremo da iluminação.

(8) Aqueles que desejam destruir seu próprio sofrimento,
Aqueles que desejam afastar o sofrimento dos outros
E aqueles que desejam experienciar imensa felicidade
Não devem jamais abandonar a prática da bodhichitta.

1. UMA EXPLICAÇÃO DOS BENEFÍCIOS DA BODHICHITTA

(9) No instante em que a bodhichitta é gerada,
Inclusive nos lamentáveis prisioneiros do cárcere do samsara,
Eles se tornam Bodhisattvas – um "filho ou filha de Buda" –
E são dignos da veneração de humanos e deuses mundanos.

(10) Assim como o elixir supremo transmuda metal em ouro,
A bodhichitta pode transformar este corpo impuro por nós assumido
Na joia inestimável que é a forma de um Buda.
Portanto, mantenham firmemente a bodhichitta.

(11) Já que a sabedoria ilimitada de Buda, o Incomparável Navegante dos seres vivos,
Investigando meticulosamente, entendeu sua preciosidade,
Aqueles que desejam se livrar do sofrimento do samsara
Devem manter firmemente essa preciosa mente de bodhichitta.

(12) Enquanto todas as outras virtudes são como bananeiras,
Pois se extinguem depois de frutificar,
A duradoura árvore celestial da bodhichitta
Não se exaure, mas aumenta ao dar frutos.

(13) Como quando um apavorado confia num corajoso,
Quem quer que confie na bodhichitta será imediatamente salvo do perigo,
Mesmo que tenha cometido insuportáveis atrocidades;
Assim, por que alguém consciencioso não confiaria nela?

(14) Como o fogo do final do éon,
Em um instante, ela consome todo o grande mal.
Seus incontáveis benefícios foram explicados pelo
   sábio Protetor Maitreya
Ao Bodhisattva Sudhana.

(15) Em resumo, saibam que
A bodhichitta possui dois tipos:
A mente que observa a iluminação e a aspira
E a mente que observa a iluminação e nela se engaja.

(16) Assim como se compreende a distinção entre desejar ir
E de fato ir,
Também o sábio deve compreender, respectivamente,
A diferença entre essas duas bodhichittas.

(17) Da mente que aspira a iluminação,
Surgem grandes efeitos, ainda que no samsara;
Mas dela não resulta um fluxo ininterrupto de boa
   fortuna,
Como acontece com a mente engajada.

(18) Quem quer que assuma a mente da bodhichitta de
   compromisso,
Com a intenção de jamais desistir
Da libertação completa
Dos infinitos seres vivos de todos os reinos,

(19) Verá surgir, dali em diante
– Ainda que dormindo ou aparentemente
   despreocupado –,
Um vasto e poderoso mérito, igual ao espaço,
A fluir sem interrupção.

(20) Para proveito daqueles com menos disposição
   natural,
Esses benefícios foram explicados com razões lógicas

1. UMA EXPLICAÇÃO DOS BENEFÍCIOS DA BODHICHITTA

Pelo próprio Tathagata,
No *Sutra solicitado por Subahu*.

(21) Uma vez que até a ideia de aliviar
A dor de cabeça dos outros
É uma intenção benéfica,
Que resulta em infinito mérito,

(22) O que dizer do desejo
De afastar a desgraça incomensurável
De todos os seres vivos
E levá-los a incontáveis boas qualidades?

(23) Será que nosso pai ou nossa mãe
Possuem intenção tão benéfica quanto essa?
Teriam-na os deuses ou sábios?
O que dizer do próprio Brahma?

(24) Se, antes de gerar a bodhichitta, esses seres vivos
Nem sequer sonhavam com uma mente assim
Em relação a si próprios,
Como iriam gerá-la em prol dos outros?

(25) Essa mente de beneficiar os seres vivos,
Que não surge nos outros sequer em prol deles próprios,
É uma extraordinária joia mental,
Cujo nascimento é um deslumbre sem precedentes.

(26) Como medir
Os benefícios dessa joia mental –
Fonte de alegria para todos os seres vivos
E a cura de todos os seus sofrimentos?

(27) Se a mera intenção de beneficiar os outros
É mais meritória do que fazer oferendas aos Budas,
O que dizer de lutar efetivamente
Pela felicidade de cada ser vivo?

(28) Embora os seres vivos queiram se livrar do
 sofrimento,
 Eles rumam diretamente na direção de suas causas;
 E embora queiram a felicidade,
 Por ignorância, destroem-na como um inimigo o faria.

(29) Àqueles que estão privados de felicidade
 E atormentados por muitos pesares,
 A bodhichitta concede ilimitada alegria;
 Erradica todo sofrimento,

(30) E dispersa inclusive sua confusão.
 Haveria uma virtude comparável?
 Haveria um amigo assim?
 Haveria um mérito que se iguale a esse?

(31) Se retribuir uma bondade
 Já basta para tornar alguém digno de elogio,
 O que dizer do Bodhisattva que ajuda os outros
 Independente de ser ou não por eles ajudado?

(32) Se até alguém que normalmente, ou mesmo uma
 única vez,
 Dá comida de maneira desdenhosa,
 Satisfazendo poucos seres, só pela metade de um dia,
 É honrado pelos outros como uma pessoa virtuosa,

(33) O que dizer de quem dá, eternamente,
 A incontáveis seres vivos
 O duradouro e insuperável êxtase dos Sugatas,
 Realizando todos os seus desejos?

(34) Buda disse que quem gerar uma mente maldosa
 Em relação a um Bodhisattva, o supremo benfeitor,
 Permanecerá no inferno por tantos éons
 Quanto os instantes em que aquela mente maldosa
 tiver sido gerada;

1. UMA EXPLICAÇÃO DOS BENEFÍCIOS DA BODHICHITTA

(35) Mas para quem gerar uma mente pura de fé,
Os efeitos de boa fortuna aumentarão em proporção
ainda maior do que essa.
Mesmo quando os Bodhisattvas se deparam com
grande adversidade,
Negatividade não surge; pelo contrário, suas virtudes
naturalmente aumentam.

(36) Eu me prostro àqueles que geraram
A sagrada e preciosa mente de bodhichitta;
E busco refúgio nessas fontes de felicidade,
Que concedem êxtase inclusive a quem os prejudica.

Assim termina o primeiro capítulo do *Guia do Estilo de Vida do Bodhisattva*, intitulado "Uma Explicação dos Benefícios da Bodhichitta".

Purificar Negatividades

Aos Habilidosos, os supremos objetos dignos de oferenda,
Ofereço lindas e perfumadas flores –
Mandaras, upalas, lótus e assim por diante –
E requintadas grinaldas, elegantemente dispostas.

Capítulo 2

Purificar Negatividades

(1) Para manter essa preciosa mente de bodhichitta,
Faço magníficas oferendas aos oceanos de boas qualidades –
Os Budas, a joia imaculada do sagrado Dharma
E a assembleia de Bodhisattvas.

(2) Sejam quantos forem os frutos e as flores
E todos os diferentes tipos de remédio que existam;
Todas as joias do mundo
E as águas puras e refrescantes;

(3) Montanhas de joias, florestas
E recantos silenciosos e alegres;
Árvores celestiais adornadas com flores
E árvores cujos galhos vergam ao peso de deliciosos frutos;

(4) Fragrâncias dos reinos celestiais,
Incenso, árvores-que-concedem-desejos e árvores adornadas com joias;
Colheitas que dispensam cultivo
E todos os ornamentos dignos de oferecimento;

(5) Lagos e piscinas adornadas com lótus
E o lindo canto de gansos selvagens;
Tudo o que não tem dono
Em todos os mundos, tão extensos como o espaço –

(6) Retendo esses itens em minha mente, eu os ofereço
Aos supremos seres, os Budas e Bodhisattvas.
Ó Compassivos, sagrados objetos dignos de oferenda,
Pensai em mim bondosamente e aceitai o que ofereço.

(7) Destituído de mérito, sou um carente
E nada mais tenho a oferecer;
Portanto, ó Protetores, zelosos do bem-estar alheio,
Por favor, aceitai tudo isso para o meu benefício.

(8) Eternamente, oferecerei todos os meus corpos
Aos Budas e Bodhisattvas.
Respeitosamente, me tornarei vosso servo;
Por favor, aceitai-me, ó Supremos Heróis.

(9) Estando inteiramente sob vosso cuidado,
Beneficiarei os seres vivos sem temer o samsara.
Purificarei meus males anteriores
E, no futuro, não mais os cometerei.

(10) No interior dessa sala de banho docemente perfumada,
Com seu chão de cristal claro e cintilante,
Pilares majestosos resplandecem com joias
E dosséis de pérolas radiantes pendem do alto;

(11) Com ricos vasos transbordando
De águas perfumadas que cativam a mente
E acompanhado de música e canções,
Ofereço ablução aos Budas e Bodhisattvas.

2. PURIFICAR NEGATIVIDADES

(12) Enxugo seus corpos com alvos tecidos,
Que são imaculadamente limpos e perfumados.
Então, ofereço aos seres sagrados
Fragrantes vestimentas de cores magníficas.

(13) Com deslumbrantes indumentárias, finas e macias,
E uma profusão de ornamentos supremos,
Adorno Arya Samantabhadra,
Manjushri, Avalokiteshvara e todos os demais.

(14) Como se estivesse polindo ouro puro e refinado,
Unto os corpos radiantes de todos os Habilidosos
Com supremos perfumes, cuja fragrância permeia
Cada canto dos três mil mundos.

(15) Aos Habilidosos, os supremos objetos dignos de oferenda,
Ofereço lindas e perfumadas flores –
Mandaras, upalas, lótus e assim por diante –
E requintadas grinaldas, elegantemente dispostas.

(16) Ofereço vastas e fragrantes nuvens
De supremo incenso que cativam a mente;
E ofereço os manjares dos deuses,
Juntamente com uma diversidade de comidas e bebidas.

(17) Também ofereço lamparinas de pedras preciosas
Dispostas em lótus dourados;
E sobre um solo lustroso, espargido com perfume
E salpicado com lindas pétalas de flores,

(18) Ofereço àqueles que possuem a natureza da compaixão
Um divino palácio que ressoa com louvores celestiais
E está enfeitado com lindas pérolas e ornamentos de joias preciosas,
Cuja radiância infinita ilumina o espaço.

(19) Eternamente, oferecerei aos Habilidosos
Requintados pára-sóis feitos de joias, suspensos no alto,
Com agradáveis formas, cabos de ouro
E bordas embelezadas com lindos ornamentos.

(20) Além disso, que milhares de oferendas
A ecoar com músicas e lindas melodias
Permaneçam, qual inúmeras nuvens, a verter alívio
Sobre os sofrimentos dos seres vivos.

(21) E que, sobre todas as sagradas Joias Dharma,
Estupas e imagens,
Possa cair uma chuva ininterrupta
De flores, joias e assim por diante.

(22) Assim como Manjushri, Samantabhadra e outros
Fizeram oferendas aos Conquistadores,
Também eu faço oferendas aos Sugatas, aos Protetores
E aos Bodhisattvas.

(23) A esses oceanos de boas qualidades,
Ofereço um melodioso mar de louvor.
Que um coro de versos docemente melodiosos
Possa sempre ascender à vossa presença.

(24) A todos os Budas que vivem nos três tempos,
Ao Dharma e à Suprema Assembleia,
Prostro-me com tantos corpos emanados
Quanto os átomos de todos os mundos.

(25) Prostro-me às bases para gerar a bodhichitta,
Às imagens de corpo, fala e mente de Buda,
Aos abades e preceptores
E aos supremos praticantes do caminho.

2. PURIFICAR NEGATIVIDADES

(26) Até atingir a essência da grande iluminação,
Buscarei refúgio nos Budas;
Igualmente, buscarei refúgio no Dharma
E na assembleia de Bodhisattvas.

(27) Com as mãos postas, faço pedidos
Aos dotados de grande compaixão –
Os perfeitos Budas e Bodhisattvas,
Que vivem nas dez direções.

(28) Desde tempos sem início no samsara,
Nesta e em todas as minhas vidas anteriores,
Por ignorância, cometi maldades,
Ordenei que fossem cometidas,

(29) E completamente tomado por enganadora ignorância,
Regozijei-me quando os outros as cometeram.
Vendo que todos esses feitos são graves erros,
Do fundo do meu coração, eu os confesso aos seres sagrados.

(30) Quaisquer ações prejudiciais de corpo, fala e mente
Que eu tenha cometido, sob a influência de delusão,
Contra as Três Joias Preciosas ,
Contra meu pai e mãe, Guia Espiritual e outros –

(31) Todas as execráveis ações maldosas
Cometidas por mim, uma pessoa má,
Poluída por muitas falhas –
Confesso diante dos Salvadores, os seres iluminados.

(32) Contudo, posso morrer antes de purificar
Todas as minhas negatividades;
Ó, por favor, protegei-me para que
Eu possa, com certeza e rapidez, delas me livrar.

(33) Já que o desleal Senhor da Morte
 Não ficará esperando até que eu purifique minhas maldades,
 Esteja eu doente ou não,
 Esta vida efêmera não é confiável.

(34) Terei que deixar tudo e partir sozinho;
 Mas por não ter entendido isso,
 Cometi muitos tipos de ação maldosa
 Em relação aos meus amigos e aos outros.

(35) E, contudo, meus amigos vão se tornar nada,
 Os outros também vão se tornar nada.
 Até eu vou me tornar nada;
 Igualmente, tudo vai se tornar nada.

(36) Assim como uma experiência vivida num sonho,
 Tudo o que agora desfruto
 Vai se tornar mera recordação,
 Pois o que passou não pode ser visto de novo.

(37) Mesmo durante esta breve vida,
 Muitos foram os amigos e pessoas que morreram;
 Mas os insuportáveis resultados do mal que cometi em nome deles
 Ainda pairam sobre mim.

(38) Assim, sem compreender
 Que vou morrer subitamente,
 Cometi muitos males
 Por ignorância, apego e raiva.

(39) Sem nunca parar, dia e noite,
 Esta vida se esvai continuamente
 E sua duração nunca aumenta;
 Por que, então, a morte não chegaria para alguém como eu?

2. PURIFICAR NEGATIVIDADES

(40) Ainda que esteja em meu leito de morte
Rodeado por amigos e parentes,
Terei que experienciar sozinho
O sentimento de ver minha vida sendo ceifada.

(41) De que servirão meus companheiros
Quando eu for agarrado pelos mensageiros do
 Senhor da Morte?
Nessa hora, só o mérito irá me proteger;
Mas nele eu nunca confiei.

(42) Ó Protetores, esquecido de tais perigos,
Eu, que sou desprovido de conscienciosidade,
Cometi muitas ações negativas
Em nome desta vida passageira.

(43) Aterrorizado encontra-se aquele que está sendo
 levado
Para um lugar onde seus membros serão arrancados.
Com a boa seca e os olhos esbugalhados,
Seu semblante fica totalmente desfigurado.

(44) O que dizer, então, do terrível desespero
Que viverei quando, tomado por grande pânico,
For agarrado pelas aparições corpóreas
Dos apavorantes mensageiros do Senhor da Morte?

(45) "Quem me garante real proteção
Contra esse grande terror?"
Petrificado, com os olhos muito abertos, arregalados,
Vou procurar refúgio em todas as direções,

(46) Mas não vendo refúgio em parte alguma,
Ficarei completamente aniquilado.
Se não encontrar refúgio,
O que farei então?

(47) Portanto, de hoje em diante buscarei refúgio nos
Budas Conquistadores,
Que protegem todos os seres vivos,
Que a todos oferecem refúgio,
E que, com seu grande poder, erradicam totalmente
o medo.

(48) Igualmente, buscarei sincero refúgio
No Dharma que eles realizaram,
Que dissipa os medos do samsara,
E também na assembleia de Bodhisattvas.

(49) Tomado de medo, ofereço-me
A Arya Samantabhadra
E coloco meu corpo a serviço
De Arya Manjushri.

(50) Ao Protetor Avalokiteshvara,
Que age infalivelmente por compaixão,
Profiro esse desesperado grito de socorro:
"Ó, por favor, protege-me, a mim, este malfeitor!".

(51) Buscando refúgio,
Rezo de coração para Arya Akashagarbha,
Para Arya Ksitigarbha
E a todos os compassivos Protetores.

(52) Busco refúgio em Arya Vajrapani,
Diante de cuja simples aparição, todos os seres
nocivos,
Tais como os mensageiros do Senhor da Morte,
Fogem, tomados de terror, para as quatro direções.

(53) Anteriormente, transgredi vossos conselhos,
Mas agora que vi esses grandes perigos,
A vós me dirijo em busca de refúgio,
Para velozmente dissipar meus medos.

2. PURIFICAR NEGATIVIDADES

(54) Se devo seguir o conselho de um médico
Quando assustado por uma doença comum,
Quão mais necessário é seguir o conselho de Buda
Quando sou perpetuamente afligido pelas muitas
  doenças malignas das delusões.

(55) Se todas as pessoas deste mundo
Podem ser muito prejudicadas por uma só entre
  tantas delusões,
E se nenhum remédio outro que o Dharma
Pode ser encontrado em parte alguma para curá-las,

(56) Quem não age segundo os ensinamentos de Dharma,
Dados por Buda, o médico todo-conhecedor,
Por meio dos quais todas as dores das delusões serão
  removidas,
Com certeza, é louco e confuso.

(57) Se temos que ser cautelosos
À beira de um pequeno precipício comum,
Quão mais cautela é necessária à beira das
  insondáveis covas do inferno,
Nas quais eu poderia cair e ficar por muito tempo.

(58) É insensato entregar-se a prazeres
Pensando: "Ao menos, não será hoje que vou
  morrer";
Pois, sem dúvida, vai chegar o dia
Em que nos tornaremos nada.

(59) Quem me dará destemor?
Como poderei ser libertado desses medos?
Se inevitavelmente vou me tornar nada,
Como posso continuar rendendo-me a prazeres?

(60) O que me restou dos prazeres
Que tive em vidas passadas e que agora já acabaram?
E todavia, por causa do meu forte apego pelos
  prazeres mundanos,
Contrariei os conselhos do meu Guia Espiritual.

(61) Se, ao me separar desta vida
E dos meus amigos e familiares,
Terei que vagar sozinho,
Por que cometo ações não virtuosas em nome de
  amigos e inimigos?

(62) "Como serei definitivamente libertado
Da não-virtude, fonte de todo o sofrimento?"
Dia e noite,
Devo pensar somente nisso.

(63) O que quer que tenha feito
Por desconhecimento e confusão –
Tenha sido uma não-virtude natural
Ou uma transgressão –

(64) Com as mãos postas
E minha mente com temor do sofrimento,
Prostrando-me muitas e muitas vezes,
Confesso tudo diante dos Protetores.

(65) Peço que todos os seres sagrados
Me livrem dos meus males e falhas;
E como estes só acarretam resultados prejudiciais,
No futuro, nunca mais os cometerei.

Assim termina o segundo capítulo do *Guia do Estilo de Vida do Bodhisattva,* intitulado *"Purificar Negatividades".*

Gerar a Bodhichitta de Compromisso

Assim como seria excepcionalmente raro
Um cego encontrar uma joia em cima dum monte
   de lixo,
Também eu, por alguma raríssima sorte,
Gerei a bodhichitta.

Capítulo 3

Gerar a Bodhichitta de Compromisso

(1) Com grande júbilo, regozijo-me
Com as virtudes que protegem os seres vivos
Dos sofrimentos dos reinos inferiores
E conduzem todos aqueles que sofrem aos reinos afortunados.

(2) Regozijo-me com a acumulação de virtudes,
Que liberta os seres vivos dos renascimentos samsáricos
E os leva ao estado do nirvana –
A paz interior suprema e permanente.

(3) Regozijo-me com a iluminação dos Budas Conquistadores
E com os caminhos espirituais dos Bodhisattvas.

(4) Com deleite, regozijo-me com o oceano de virtude
Que surge quando se gera a mente de iluminação, a bodhichitta,
Portadora de felicidade para todos os seres vivos,
E com os feitos que beneficiam tais seres.

(5) Aos Budas que residem em todas as direções,
    Com as mãos postas, faço esse pedido:
    Por favor, continuai fazendo brilhar a luz do Dharma
    Para os seres vivos que estão perdidos e sofrendo na escuridão da ignorância.

(6) Aos Conquistadores que desejam entrar no paranirvana,
    Com as mãos postas, faço esse pedido:
    Por favor, não abandonais os seres vivos no estado de cegueira,
    Mas permanecei conosco por incontáveis éons.

(7) Assim, pelo mérito que coletei
    Com todas essas ações virtuosas,
    Que o sofrimento de cada ser vivo
    Possa ser completamente eliminado.

(8) E até que todos os doentes
    Sejam curados de suas enfermidades,
    Que eu me torne seu remédio,
    Seu médico e enfermeiro.

(9) Que caia uma chuva de alimentos e bebidas
    Para dissipar a desgraça da fome e da sede;
    E que durante o grande éon de fome
    Eu me torne a comida e a bebida de todos.

(10) Que eu me torne um inesgotável tesouro
     Para os pobres e destituídos.
     Que eu seja tudo o que eles possam necessitar,
     Livremente colocado ao seu dispor.

(11) De agora em diante, sem nenhum sentimento de perda,
     Darei meu corpo e também minhas riquezas
     E virtudes coletadas durante os três tempos
     Para ajudar todos os seres vivos, minhas mães.

3. GERAR A BODHICHITTA DE COMPROMISSO

(12) Por dar tudo, vou atingir o nirvana de um Buda
E meus desejos da bodhichitta serão satisfeitos.
Darei tudo pelo bem dos seres vivos,
Os supremos objetos de doação.

(13) Já que desisti deste corpo
Pela felicidade dos seres vivos,
Ele sempre lhes pertencerá, para surrá-lo, injuriá-lo
Ou até matá-lo a seu bel-prazer.

(14) Mesmo que o tomem como objeto de troça,
Zombaria ou humilhação,
Já que dei este corpo aos outros,
De que serve tê-lo em alta conta?

(15) Portanto, em tudo o que fizer,
Jamais prejudicarei os outros;
E sempre que uma pessoa comigo se encontrar,
Que esse encontro nunca lhe seja insignificante.

(16) Quer aqueles que me encontram
Gerem fé ou raiva,
Que isso sempre seja a causa
Para satisfazerem todos os seus desejos.

(17) Que todos os que me prejudicam –
Com palavras ou por outros meios –
E aqueles que de outra forma me insultam
Criem desse modo a causa para atingir a iluminação.

(18) Que eu me torne um protetor para os desamparados,
Um guia para os que andam pelas estradas
E, para os que querem atravessar as águas,
Que eu seja um barco, um navio ou uma ponte.

(19) Que eu me torne uma ilha para os que buscam terra firme,
Uma tocha para os famintos de luz,
Um lugar de repouso para os que assim almejam
E um servo para quem precisa ser servido.

(20) Para beneficiar todos os seres vivos,
Que eu me torne um tesouro de riquezas,
Poderosos mantras, potentes remédios,
Uma árvore-que-concede-desejos e uma vaca-que-concede-desejos.

(21) Assim como os grandes elementos qual a terra,
E assim como o espaço eterno,
Que eu me torne a base da qual tudo surge
Para sustentar a vida dos incontáveis seres vivos.

(22) E até que tenham passado além da dor,
Possa eu sustentar todas as formas de vida
De um extremo a outro dos reinos dos seres vivos,
Que atingem os confins do espaço.

(23) Assim como os anteriores Sugatas, os Budas,
Geraram a mente de iluminação
E cumpriram todas as etapas
Do treinamento bodhisattva,

(24) Também eu, para o bem de todos os seres,
Vou gerar a mente de iluminação
E cumprir todas as etapas
Do treinamento bodhisattva.

(25) Os sábios que com sinceridade abraçaram
A mente de iluminação desse modo,
Tanto para mantê-la quanto para aperfeiçoá-la,
Devem se encorajar como segue:

3. GERAR A BODHICHITTA DE COMPROMISSO

(26) Agora minha vida gerou magnífico fruto,
Minha vida humana atingiu grande significado.
Hoje eu nasci na linhagem de Buda
E tornei-me um Bodhisattva.

(27) Todas as minhas ações de agora em diante
Estarão de acordo com essa nobre linhagem,
E a essa linhagem pura e impecável,
Nunca trarei desonra.

(28) Assim como seria excepcionalmente raro
Um cego encontrar uma joia em cima dum monte de lixo,
Também eu, por alguma raríssima sorte,
Gerei a bodhichitta.

(29) Ela é o supremo néctar, que supera
O império da morte sobre os seres vivos,
E um tesouro inesgotável,
Que dissipa toda a sua miséria.

(30) É o supremo remédio, que alivia
A doença dos seres vivos,
E uma árvore sombreira, que dá abrigo
Aos extenuados viajantes das estradas do samsara.

(31) É uma ponte universal, pela qual todos os seres vivos
Podem ser salvos dos reinos inferiores,
E na mente, é uma lua crescente,
Que alivia o tormento das delusões.

(32) É um vasto sol, que dissipa por completo
O nevoeiro de desconhecimento dos seres vivos.
É a manteiga quintessencial, que surge
Quando o leite do Dharma é batido.

(33) Para os dignos convidados, os seres dos caminhos do samsara,
Que desejam desfrutar os deleites do êxtase,
A bodhichitta, a todos eles, trará satisfação,
Conduzindo-os ao estado supremo de êxtase.

(34) Hoje, na presença de todos os Protetores,
Chamo os seres vivos para serem meus convidados,
A fim de desfrutarem desses deleites temporários e últimos.
Que os deuses, semideuses e todos os demais seres se alegrem!

Assim termina o terceiro capítulo do *Guia do Estilo de Vida do Bodhisattva*, intitulado "*Gerar a Bodhichitta de Compromisso*".

Confiar em Conscienciosidade

Foi por essas razões que Buda, o Abençoado,
Disse que é extremamente difícil obter uma preciosa
   vida humana,
Tanto quanto é raro uma tartaruga emborcar seu
   pescoço
Numa canga à deriva num vasto oceano.

Capítulo 4

Confiar em Conscienciosidade

(1) Um praticante que tenha assim gerado
A bodhichitta aspirativa e de compromisso
Deve sempre aplicar esforço sem oscilar,
De modo a não se desgarrar dos treinos.

(2) Se uma ação comum tiver sido executada com precipitação
Ou impensadamente,
Pode ser adequado reconsiderá-la,
Mesmo que uma promessa tenha sido feita;

(3) Mas como iria eu desconsiderar
Algo que foi examinado
Pela sabedoria dos Budas e Bodhisattvas
E que também eu repetidamente examinei?

(4) Se, tendo feito a promessa da bodhichitta,
Não colocá-la efetivamente em prática,
Já que estarei enganando todos esses seres vivos,
Que tipo de renascimento terei?

(5) É dito que se uma pessoa, por avareza,
Não der alguma coisa comum, ainda que ínfima,
Que dedicara aos outros,
Ela renascerá como um espírito faminto.

(6) Assim, se eu viesse a enganar todos os seres vivos,
Que do fundo do meu coração convidei
Para o banquete da iluminação,
Como poderia ter um renascimento afortunado no futuro?

(7) Saber como alguém que abandonou a bodhichitta
Pode atingir a libertação
Está além da compreensão comum –
Só o onisciente possui esse conhecimento.

(8) Para um Bodhisattva, abandonar a bodhichitta
É a mais grave de todas as quedas,
Pois, se incorrer nela,
Perderá toda a base do seu trabalho em prol dos outros.

(9) E se alguém viesse a obstruir ou impedir
As ações virtuosas de um Bodhisattva, mesmo que por um instante,
Visto que estaria minando o bem-estar de todos os seres vivos,
Infindáveis se tornariam seus renascimentos inferiores.

(10) Uma vez que eu experienciaria infortúnio
Como resultado de destruir a felicidade de um único ser,
O que dizer das consequências de destruir
A felicidade de todos os seres vivos tão extensos quanto o espaço?

(11) Aqueles que repetidamente renovam seus votos bodhisattva
Apenas para incorrer em novas quedas
Vão permanecer por longos períodos emaranhados no samsara,
Impedidos de atingir solos espirituais mais elevados.

4. CONFIAR EM CONSCIENCIOSIDADE

(12) Portanto, tenho que praticar sinceramente,
De acordo com a promessa que fiz.
Se de agora em diante não fizer esforço,
Vou renascer em estados cada vez mais inferiores.

(13) Embora no passado tenha havido incontáveis Budas
Trabalhando para beneficiar todos os seres vivos,
Em virtude de meus numerosos obstáculos cármicos,
Não fui o objeto direto de seus cuidados;

(14) E se eu permanecer assim,
Vou experienciar vezes sem fim
Doença, dilaceração, cativeiro
E mutilação nos reinos inferiores.

(15) Já que o aparecimento de um Tathagata – um Buda –,
Fé em seus ensinamentos, uma preciosa vida humana
E uma base adequada para praticar o Dharma são
    tão raros,
Quando uma oportunidade como essa surgirá de novo?

(16) Hoje, por exemplo, posso estar livre de doenças,
Bem-nutrido e sem angústias;
Mas esta vida é fugaz e enganosa,
E meu corpo não passa de um empréstimo efêmero.

(17) Se eu me envolver em ações não virtuosas,
Não obterei de novo um corpo humano;
E se não alcançar a forma humana,
Não haverá virtude, só negatividade.

(18) Se não praticar virtude agora,
Enquanto tenho a boa fortuna de fazê-lo,
Que virtude conseguirei praticar
Quando estiver sofrendo e confuso nos reinos
    inferiores?

(19) Se não praticar virtude,
Mas acumular apenas maldade,
Não ouvirei sequer as palavras "nascimento afortunado"
Por cem milhões de éons.

(20) Foi por essas razões que Buda, o Abençoado,
Disse que é extremamente difícil obter uma preciosa vida humana,
Tanto quanto é raro uma tartaruga emborcar seu pescoço
Numa canga à deriva num vasto oceano.

(21) Já que um só instante de maldade
Pode acarretar um éon no mais profundo inferno,
Se eu não purificar todo o mal que coletei desde tempos sem início,
Obviamente não terei um renascimento como humano.

(22) Apenas colher os efeitos de minhas não-virtudes
Não me levará a ser libertado dos reinos inferiores,
Pois enquanto estiver sofrendo tais efeitos,
Continuarei a gerar outras não-virtudes.

(23) Haveria auto-engano maior do que,
Tendo encontrado a liberdade e o dote de uma vida humana,
Eu não lutar para praticar o Dharma?
Haveria loucura pior?

(24) Compreendendo isso,
Se eu continuar indolente por ignorância,
Quando a hora da minha morte chegar,
Ficarei apavorado, com um terror inimaginável.

(25) Se meu corpo queimará por muito tempo
No fogo insuportável do inferno,

4. CONFIAR EM CONSCIENCIOSIDADE

Então, sem dúvida, minha mente será consumida
Pelas fogueiras devastadoras do remorso.

(26) Ter achado por completo acaso
Esse estado benéfico, tão raro de se encontrar,
E de novo ser levado aos infernos
Enquanto estou dotado com tal boa fortuna,

(27) É o mesmo que estar sob a ação de um feitiço
E com a mente reduzida a nada!
Nem eu próprio sei o que causa tamanha confusão –
O que é isso que se aloja dentro de mim?

(28) Os inimigos interiores, raiva, apego e assim por diante,
Não têm armas nem pernas,
Tampouco possuem coragem ou habilidades;
Então, por que fazem de mim seu escravo?

(29) Enquanto estão dentro da minha mente,
Prejudicam-me ao seu bel-prazer
E, apesar disso, sem raiva, eu pacientemente
   os tolero.
Quão vergonhoso! Não é hora de ter paciência.

(30) Se todos os seres vivos, inclusive deuses e semideuses,
Contra mim se erguessem como inimigos,
Não poderiam me levar às labaredas do mais
   profundo inferno
E ali me atirar;

(31) Mas esse poderoso inimigo, as delusões,
Em um instante pode me lançar nesse lugar abrasador,
Onde até as cinzas do Monte Meru
Seriam consumidas sem deixar rastro.

(32) Nenhum outro tipo de inimigo
Permanece por tanto tempo quanto
Minhas resistentes delusões inimigas,
Pois elas não têm começo nem um fim aparente.

(33) Se concordar com meus inimigos externos e honrá-los,
Eles acabarão por me trazer benefícios e felicidade;
Mas entregando-me aos cuidados das delusões,
No futuro, elas só me trarão mais dor e sofrimento.

(34) Logo, como posso ficar no samsara alegremente e sem medo,
Enquanto, sem hesitar, reservo um lugar em meu coração
Para esse interminável inimigo de longa duração,
Que, sozinho, é causa do aumento de toda a minha dor?

(35) Como poderei ser feliz
Enquanto esses guardiões da prisão do samsara,
Que me torturam e atormentam nos infernos e alhures,
Continuarem qual malha de ferro em minha mente?

(36) Tomados de raiva, mundanos cheios de orgulho não dormirão
Enquanto não destruírem quem lhes causar até um ínfimo mal passageiro.
Do mesmo modo, não abandonarei meus esforços
Até ter destruído direta e definitivamente esse meu inimigo interior.

(37) Se aqueles que se engajam em violentas batalhas
Com um forte desejo de destruir os seres deludidos, que de todo modo morreriam,
Desprezam a dor de serem feridos por armas
E não recuam até terem atingido sua meta,

4. CONFIAR EM CONSCIENCIOSIDADE

(38) Nem é preciso dizer que mesmo à custa de grandes provações,
De agora em diante, não serei indolente nem covarde
Na luta para destruir, de uma vez por todas, esse inimigo natural,
Fonte constante de todo o meu sofrimento.

(39) Se cicatrizes infligidas por inimigos por motivos vãos
São exibidas no corpo como ornamentos,
Por que não me disporia a aturar provações
Na luta sincera para realizar o maior de todos os propósitos?

(40) Se pescadores, caçadores e agricultores,
Que só pensam no seu ganha-pão,
Aturam sofrimentos como frio e calor,
Por que eu não suportaria provações em nome da felicidade de todos?

(41) Se eu mesmo não estou livre de delusões
Quando prometo a todos os seres vivos,
Habitantes das dez direções do espaço,
Que vou liberá-los das *suas*,

(42) Não é loucura minha dizer tais coisas,
Desconsiderando meus próprios defeitos?
Nesse caso, não devo jamais abrir mão
De destruir minhas próprias delusões.

(43) Esse será meu maior objetivo:
Munido de forte rancor, lutar contra minhas delusões.
Embora tal rancor pareça uma delas,
Visto que as destrói, não é uma delusão.

(44) Preferiria morrer queimado
Ou ter a cabeça decepada
A me deixar
Influenciar pelas delusões.

(45) Um inimigo comum que foi expulso de um país
Irá para outro lugar e ali permanecerá,
Regressando somente quando tiver recobrado suas forças;
Mas com as delusões inimigas, isso não acontecerá.

(46) Ó delusões, delusões, aonde ireis
Quando fordes banidas pelo olho da sabedoria e expulsas da minha mente?
E de onde regressareis para me prejudicar outra vez?
Contudo, sendo fraco, não consigo fazer esforço!

(47) As delusões não estão nos objetos, nos sentidos, entre eles, nem em parte alguma;
Então, onde estão para causarem tanto prejuízo a todos os seres vivos?
Como são apenas ilusões, devo banir o medo do meu coração e lutar para atingir sabedoria.
Por que atrair os sofrimentos do inferno e muitos outros sobre mim sem razão alguma?

(48) Portanto, tendo pensado nisso muito bem,
Vou me empenhar sinceramente para praticar esses preceitos da maneira que foram explicados.
Como poderia um doente que não ouve os conselhos do médico
Ter esperança de ser curado?

Assim termina o quarto capítulo do *Guia do Estilo de Vida do Bodhisattva*, intitulado "*Confiar em Conscienciosidade*".

Guardar Vigilância

Com todo o meu esforço, devo checar regularmente
Se a mente-elefante indomada
Não se soltou, mas continua presa
Ao grande pilar de pensar sobre o Dharma.

Capítulo 5

Guardar Vigilância

(1) Quem deseja progredir nos treinos
    Deve ser muito cuidadoso em guardar sua mente,
    Pois se não fizer a prática de guardar a mente,
    Não será capaz de concluir os treinos.

(2) Um elefante enlouquecido, indomado, à solta neste mundo,
    Não inflige um mal tão grande
    Quanto os sofrimentos do mais profundo inferno,
    Causados pelo violento elefante da mente;

(3) Mas se o elefante da nossa mente
    For amarrado de todos os lados pela corda da contínua-lembrança,
    Todos os medos cessarão
    E as virtudes em nossas mãos cairão.

(4) Tigres, elefantes, leões, ursos,
    Serpentes, inimigos de qualquer tipo,
    Carcereiros dos seres no inferno,
    Espíritos maus e canibais –

(5) Serão todos eles amarrados
 Se simplesmente amarrarmos a mente,
 E serão subjugados
 Se simplesmente subjugarmos a mente.

(6) Buda, o Habilidoso, disse:
 "Assim, todos os medos
 E todos os infinitos sofrimentos
 Surgem da mente".

(7) Quem criou intencionalmente as armas
 Que ferem os seres nos infernos?
 Quem criou aquele chão de ferro em brasa?
 E de onde surgiram as tentadoras alucinações?

(8) O Habilidoso diz que todas essas coisas
 Provêm unicamente das mentes más.
 Assim, não há nada a se temer nos três mundos
 Que não tenha vindo da mente.

(9) Se concluir a perfeição de dar
 Eliminasse a pobreza dos seres vivos,
 Como dizer que os Budas anteriores concluíram
   tal perfeição,
 Já que continua havendo seres famintos?

(10) A conclusão da perfeição de dar é tida como
 O pensamento que deseja dar tudo a todos os seres
   vivos,
 Juntamente com o mérito que resulta de tal doação;
 Portanto, ela depende apenas da mente.

(11) A matança de peixes e de outras criaturas
 Não foi erradicada em lugar algum,
 Pois concluir a perfeição de disciplina moral é
   tido como
 A obtenção de uma mente que abandonou não-virtudes.

5. GUARDAR VIGILÂNCIA

(12) Não é possível subjugar os seres rebeldes,
Tão extensos quanto o espaço;
Porém, a simples destruição da mente de raiva
Equivale a derrotar todos esses inimigos.

(13) Haveria couro suficiente
Para cobrir a superfície da Terra?
Porém, usar couro apenas nas solas dos pés
Equivale a cobrir a Terra inteira.

(14) Do mesmo modo, é impossível
Controlar todos os eventos externos;
Porém, conseguindo simplesmente controlar minha mente,
Que necessidade haveria de controlar as outras coisas?

(15) Renascer como um deus do primeiro reino da forma e assim por diante,
O que resulta da ação mental de clara concentração,
Não advém de ações de corpo ou fala,
Mas de ações da mente.

(16) Buda, o Todo Conhecedor, disse que
Recitar mantras e preces e aturar provações espirituais,
Ainda que por longos períodos,
Não será proveitoso se a mente estiver distraída em outro lugar.

(17) Até quem deseja encontrar felicidade e evitar sofrimento
Vagará sem direção ou propósito
Se não praticar o treino da mente,
O Dharma supremo e principal.

(18) Portanto, guardarei minha mente muito bem
E a protegerei contra o que é inadequado.
Sem a disciplina de guardar a mente,
De que servem tantas outras disciplinas?

(19) Assim como eu seria cuidadoso com um ferimento
Se estivesse em meio aos empurrões de uma multidão desgovernada,
Devo sempre guardar meu ferimento mental
Quando estiver entre aqueles que podem provocar delusões.

(20) Se sou cuidadoso com um ferimento físico,
Temendo até a mais leve dor,
Por que não protejo meu ferimento mental,
Temendo ser esmagado pelas montanhas do inferno?

(21) Se praticar sempre desse modo,
Então, esteja entre seres nocivos
Ou entre pessoas que julgo atraentes,
Nem minha constância nem meus votos decairão.

(22) Posso aceitar a perda de riqueza e reputação,
De meu ganha-pão ou de meu corpo,
Posso até aceitar que minhas outras virtudes se degenerem;
Mas nunca permitirei que minha prática de guardar a mente decaia.

(23) Com as mãos postas,
Imploro aos que desejam guardar suas mentes:
Esforcem-se sempre para guardar ambas,
A contínua-lembrança e a vigilância.

(24) Assim como as pessoas afligidas por doenças
Não têm forças para nenhum tipo de trabalho físico,
Quem tem a mente perturbada por confusão
Não tem forças para nenhum tipo de ação virtuosa.

(25) Ademais, para aqueles cujas mentes carecem de vigilância
As sabedorias de ouvir, contemplar e meditar

5. GUARDAR VIGILÂNCIA

      Não ficarão guardadas em sua memória
      Mais do que a água ficaria num pote furado.

(26) Até aquele que tem muito estudo e fé
      E sinceramente aplicou grande esforço
      Será maculado por quedas morais
      Devido à falha de não ter vigilância.

(27) Se me faltar vigilância, as delusões gatunas
      Farão com que minha contínua-lembrança se degenere
      E, depois, roubarão até o mérito que diligentemente reuni,
      De modo que cairei nos reinos inferiores.

(28) Essas tropas de delusões gatunas
      Estão à espreita de uma oportunidade
      E, quando ela surgir, roubarão minha fortuna de virtudes
      E destruirão qualquer chance de renascimento afortunado.

(29) Portanto, não permitirei que minha contínua-lembrança
      Se afaste da entrada da minha mente;
      E se notar que está prestes a fazê-lo,
      Vou restaurá-la lembrando-me dos sofrimentos dos reinos inferiores.

(30) Os afortunados que seguem as instruções recebidas,
      Mantêm respeito por seu Guia Espiritual
      E geram medo dos reinos inferiores
      Conseguem facilmente desenvolver e manter contínua-lembrança.

(31) "Estou sempre na presença
      Dos Budas e Bodhisattvas,
      Que, com seu olhar onisciente,
      Vêem tudo sem obstrução."

(32) Pensando desse modo, poderemos manter
Senso de vergonha, respeito e medo,
E repetidamente trazer à mente
As boas qualidades dos Budas.

(33) Quando a contínua-lembrança é mantida
Com o propósito de guardar a mente,
Vigilância naturalmente surge,
E até aquela que havia sido perdida é recuperada.

(34) Primeiro, preciso verificar como está minha mente;
Se notar que está poluída por negatividades,
Devo permanecer firme,
Com a mente tão impassível quanto madeira.

(35) Nunca devo olhar ao redor
Por distração ou sem motivo,
Mas, com uma mente resoluta,
Estar sempre consciente do meu olhar.

(36) De tempos em tempos, para descontrair meu olhar,
Devo mirar ao redor sem distração;
E se uma pessoa aparecer no meu campo de visão,
Devo tomar conhecimento dela e saudá-la.

(37) Para evitar perigos ou acidentes no trajeto,
Olharei ocasionalmente para todos os lados,
E impedirei que minha mente se torne distraída,
Confiando em conscienciosidade.

(38) Devo praticar do mesmo modo
Ao ir ou voltar.
Entendendo a necessidade de assim me comportar,
Aplicarei essa prática em todas as situações.

5. GUARDAR VIGILÂNCIA

(39) Devo me preparar para qualquer atividade, pensando:
"Meu corpo e mente devem permanecer
  perfeitamente compostos";
E devo checar com cuidado, de tempos em tempos,
O que de fato estou fazendo e pensando.

(40) Com todo o meu esforço, devo checar regularmente
Se a mente-elefante indomada
Não se soltou, mas continua presa
Ao grande pilar de pensar sobre o Dharma.

(41) Lutando por concentração de todas as maneiras,
Não deixarei minha mente a vagar sequer por um
  instante,
Mas vou examiná-la de perto indagando:
"Como minha mente está se comportando?".

(42) Diz-se que há ocasiões, quando se pratica o dar, em
  que se pode ser judicioso
Ao aplicar alguns pontos mais delicados da disciplina
  moral.
Havendo perigo ou uma celebração especial,
Pode-se executar ações apropriadas àquele
  acontecimento.

(43) Devo assumir aquilo que planejei e decidi fazer
Sem me deixar distrair por outras coisas;
E com meus pensamentos focados nessa prática,
Por ora, fazer somente isso.

(44) Desse modo, devo fazer tudo bem-feito;
Caso contrário, não realizarei nem uma coisa nem
  outra.
Com essa prática habilidosa, não poderá haver
  aumento
Nas delusões secundárias, como a antivigilância.

(45) Sempre que ouvir conversas
Agradáveis ou desagradáveis,
Ou observar pessoas atraentes ou repulsivas,
Devo evitar apego ou raiva por elas.

(46) Se me envolver sem motivo em ações
Que causam prejuízo ao ambiente,
Devo recordar os conselhos de Buda
E, por respeito, interrompê-las imediatamente.

(47) Sempre que quiser mover meu corpo
Ou proferir palavras,
Devo primeiro examinar minha mente
E, depois, com firmeza agir de maneira adequada.

(48) Sempre que em minha mente surgir
O desejo de me apegar ou de ficar com raiva,
Não devo fazer ou dizer nada,
Mas permanecer tão impassível quanto madeira.

(49) Sempre que for hipócrita, zombador,
Arrogante ou presunçoso;
Sempre que desenvolver a intenção de falar das falhas alheias,
Pensar em me aproveitar ou enganar;

(50) Ou sempre que buscar elogios,
Depreciar os outros,
Usar discurso ofensivo ou divisor,
Devo permanecer tão impassível quanto madeira.

(51) Sempre que desejar riqueza, honra ou fama,
Ou as atenções de um círculo de admiradores;
Ou sempre que minha mente almejar veneração,
Devo permanecer tão impassível quanto madeira.

5. GUARDAR VIGILÂNCIA

(52) Se desenvolver uma mente que deseja falar algo
Ignorando o bem-estar alheio
E perseguindo apenas o meu próprio,
Devo permanecer tão impassível quanto madeira.

(53) Se for impaciente com o sofrimento ou preguiçoso e medroso em relação às virtudes,
Se estiver a ponto de falar de modo irresponsável ou injurioso,
Ou se o apego pelo meu círculo de conhecidos surgir,
Devo permanecer tão impassível quanto madeira.

(54) Assim, depois de procurar meticulosamente por delusões
E mentes atraídas por coisas inúteis,
Praticantes corajosos devem manter sua mente firme
Aplicando os oponentes adequados.

(55) Com plena certeza, forte fé,
Firmeza, respeito, polidez,
Senso de vergonha, destemor e paz interior,
Devo lutar para levar felicidade aos outros.

(56) Não devo desanimar com a conduta dos outros –
Os infantis em desarmonia com o próximo –,
Mas entender que essa conduta surge pela força das delusões
E mostrar-me compassivo com eles.

(57) Devo me comprometer somente com ações virtuosas
Para beneficiar os seres vivos, sem pensar em mim;
E agir assim compreendendo que sou como uma ilusão,
Que não existe do seu próprio lado.

(58) Contemplando repetidamente
Que obtive essa liberdade especial após um
   longuíssimo período,
Devo manter, tão inamovível quanto o Monte Meru,
A intenção de realizar o real sentido da vida humana.

(59) Mente, se estás preocupada
Porque a morte vai tirar esse corpo de ti
E ele será queimado e enterrado,
Por que o aprecias tanto agora?

(60) Mente, por que consideras este corpo como "meu"
E o agarra com tanta afeição?
Ele é apenas um empréstimo dos outros
E logo de ti será tomado.

(61) Mente confusa, por que
Não te agarras a uma forma lenhosa limpa?
De que serve te agarrar a essa máquina podre,
Que não passa de uma coleção de impurezas?

(62) Comece separando mentalmente
As camadas de pele da carne.
Depois, com a lâmina da sabedoria,
Despegue a carne dos ossos.

(63) Quebre os ossos
E olhe diretamente para o tutano.
Faça tua própria investigação –
"Onde está a essência?".

(64) Se tu não encontras essência alguma,
Mesmo quando procuras com tanto esforço,
Por que, ó mente, continuas a te agarrar a esse corpo
Com tanto apego?

5. GUARDAR VIGILÂNCIA

(65) Ele é tão impuro que não serve sequer de comida,
Seu sangue não serve de bebida
E seus intestinos não prestam para serem chupados;
Logo, de que te serve esse corpo?

(66) É adequado protegê-lo e cuidar dele
Unicamente para atingir metas espirituais –
Este corpo de um ser humano
Deve ser usado só para praticar o Dharma.

(67) Mas se o protegeres para outros fins,
O que tu farás
Quando o implacável Senhor da Morte tomá-lo
E reduzi-lo a um monte de cinzas?

(68) Um servo não é recompensado com roupas e coisas afins
Se não trabalhar;
Então, por que insistes em nutrir essa coleção de pele e ossos,
Que mesmo alimentada a ti não é leal?

(69) Em troca do salário que pago a meu corpo,
Vou usá-lo criando virtudes para mim e para os outros;
Mas não devo agarrar-me a ele como "meu",
Pois tal agarramento é uma forma de ignorância.

(70) Considerarei meu corpo como um barco –
Uma base para ir e vir –
E a fim de conceder prosperidade aos seres vivos,
Transformarei meu corpo numa iluminada joia-que-satisfaz-os-desejos.

(71) Enquanto tenho controle,
Devo sempre exibir um rosto sorridente,
E evitando carrancas e olhares raivosos,
Mostrar-me amigável e honesto com os outros.

(72) Devo evitar condutas que perturbem o próximo,
Tais como arrastar móveis ruidosamente
Ou abrir e fechar portas batendo-as,
Mas sempre me deleitar na humildade.

(73) Agindo como uma cegonha, um gato ou um ladrão
Que conquistam suas metas com habilidade e paciência,
Devo conquistar minha meta espiritual,
Que é alcançar o estado da iluminação.

(74) Quando me derem um conselho ou advertência,
Que embora não-solicitado seja benéfico,
Devo aceitá-lo de bom grado e com respeito,
E mostrar-me sempre disposto a aprender algo com isso.

(75) A quem quer que diga a verdade,
Devo dizer: "Falaste bem";
E sempre que vir alguém executando ações meritórias,
Devo fazer elogios e desenvolver genuína alegria.

(76) Devo referir-me às boas qualidades alheias com bom senso
E passar adiante tudo o que ouvir,
Mas, caso minhas boas qualidades sejam mencionadas,
Devo, sem orgulho, simplesmente reconhecer aquelas que talvez possua.

(77) Todas as minhas ações devem ser em prol da felicidade alheia.
Essa boa qualidade é preciosa e rara,
E por meio dela desfrutarei da pura felicidade e alegria
Que surge das ações que beneficiam os outros.

5. GUARDAR VIGILÂNCIA

(78) Agindo assim, não sofrerei perdas nesta vida
E, nas futuras, experienciarei grande felicidade;
Mas se fizer o oposto,
Vou experienciar tormento e dor, vida após vida.

(79) Devo falar de modo verdadeiro, coerente e preciso,
Apresentando claramente meu pensamento de
   maneira agradável.
Devo falar amavelmente e com moderação,
Sem motivações egoístas.

(80) Sempre que vir alguém,
Devo pensar "Eu posso atingir a iluminação
Na dependência desses seres vivos!",
E apreciá-los sinceramente.

(81) Seja com motivação cultivada,
Seja com motivação espontânea,
Devo sempre plantar sementes de grande virtude
Nos campos que são os seres sagrados e os seres vivos.

(82) Devo executar todas as minhas atividades de Dharma
Com habilidade, claro entendimento e forte fé,
De modo que os outros aumentem sua sabedoria
E experienciem incomensuráveis benefícios.

(83) Embora, em geral, as perfeições de dar e assim
   por diante
Sejam progressivamente umas mais elevadas do que
   as outras,
Não devo abandonar as grandes virtudes em nome
   das pequenas.
Principalmente, devo considerar o benefício dos outros.

(84) Buda, o compassivo Longa Visão,
Permite que os Bodhisattvas executem certas ações que, de outro modo, são proscritas.
Compreendendo isso bem, devo sempre investir esforço
Na minha prática do estilo de vida do Bodhisattva.

(85) Devo compartilhar minha comida com animais,
Pessoas famintas e praticantes,
E comer meramente o que necessito.
Pessoas ordenadas podem dar tudo o que possuem, exceto suas três vestes.

(86) Porque uso esse corpo para praticar a bodhichitta,
Não devo prejudicá-lo em troca de benefícios temporários,
Mas cuidar dele para satisfazer meu desejo de bodhichitta,
De modo que, por fim, todos os desejos dos seres vivos se cumpram.

(87) Quem não possui pura compaixão e sabedoria
Não deve dar seu corpo,
Mas devotá-lo, em vez disso, à realização
Do grande propósito desta e das vidas futuras.

(88) Devo ouvir o Dharma
Com respeito e bom coração,
Reconhecendo-o como o remédio supremo
Para curar as dores da raiva e do apego.

(89) Devo ensinar o vasto e profundo Dharma com intenção pura,
Livre de todo desejo por fortuna ou reputação;
Sempre manter a motivação pura da bodhichitta
E fazer um grande esforço para colocar o Dharma em prática.

5. GUARDAR VIGILÂNCIA

(90) Devo explicar o Dharma para salvar do samsara, o
ciclo de sofrimento,
Àqueles que estão me ouvindo,
E conduzi-los à meta última –
A conquista da plena iluminação.

(91) Devo manter os lugares limpos e não espalhar lixo,
Mas desfazer-me dele corretamente.
Além disso, não devo poluir
Águas ou terras de uso comum.

(92) Não devo comer com a boca cheia,
Fazendo barulho ou com a boca aberta.
Tampouco devo sentar-me com as pernas esticadas
Ou esfregar as mãos inutilmente.

(93) Não devo ficar a sós com o parceiro de outrem,
Num veículo, numa cama ou no mesmo aposento.
Devo observar e inquirir o que ofende as pessoas
E, então, evitar tais ações.

(94) Ao mostrar o caminho para alguém,
Não devo apontar a direção com um único dedo,
Mas respeitosamente usar minha mão direita
Com todos os dedos estendidos.

(95) Não devo abanar os braços de maneira descontrolada,
Mas comunicar-me por meio de movimentos suaves
E gestos adequados;
Caso contrário, perderei minha compostura.

(96) Para dormir, devo deitar-me na posição adequada –
Exatamente como deitou-se o Protetor Buda quando
entrou no paranirvana –
E antes de dormir, com vigilância,
Devo tomar a firme decisão de acordar rapidamente.

(97) Entre as inúmeras práticas
Ensinadas no estilo de vida do Bodhisattva,
Devo começar enfatizando
Aquelas que treinam a mente.

(98) Devo praticar o *Sutra dos Três Montes Superiores*
Três vezes ao dia e três vezes à noite
E confiando nas Três Joias e na bodhichitta,
Purificar não-virtudes e quedas.

(99) Faça o que faça em qualquer situação,
Em benefício próprio ou dos outros,
Devo empenhar-me para praticar
Todo treino ensinado para a ocasião.

(100) Para um Bodisattva, não há ensinamento de Buda
Que não deva ser praticado.
Se eu me tornar experiente nesse estilo de vida,
Nada do que eu faça carecerá de mérito.

(101) Direta ou indiretamente,
Nunca farei nada que não seja para o bem dos
    seres vivos.
Devo dedicar tudo
Unicamente à iluminação de todos eles.

(102) Não devo nunca abandonar, mesmo a custo de
    minha vida,
Meu Guia Espiritual,
Que é versado no sentido do Mahayana
E um praticante supremo dos treinos do Bodhisattva.

(103) Devo treinar confiança no Guia Espiritual
Como foi explicado na *Biografia de Shri Sambhava*.
Poderei compreender esse e outros conselhos dados
    por Buda,
Estudando os Sutras Mahayana.

5. GUARDAR VIGILÂNCIA

(104) Devo ler esses Sutras,
Porque eles revelam os treinos do Bodhisattva.
Primeiro, é importante estudar
O *Sutra Akashagarbha*.

(105) Também é importante ler muitas vezes
O *Compêndio de Treinos*,
Porque ele revela extensamente
O que deve ser praticado em qualquer ocasião.

(106) Ademais, deve-se ler às vezes
O *Compêndio Condensado dos Sutras;*
E com grande esforço, estudar também
Estes mesmos dois títulos do superior Nagarjuna.

(107) Em resumo, já que gerei a bodhichitta de
  compromisso e tomei os votos bodhisattva,
Devo praticar todos os preceitos antes mencionados,
De modo que a visão pura, a mente de fé e a boa
  intenção dos outros
Venham a crescer por meio do meu exemplo.

(108) A característica definidora de guardar vigilância
É examinar repetidamente
O estado de nosso corpo, fala e mente
E entender se nossas ações são corretas ou não.

(109) Precisamos colocar os ensinamentos de Buda,
  o Dharma, em prática,
Porque não há nada que se realize apenas com
  a leitura de palavras.
Um doente jamais poderá se curar
Apenas lendo prescrições médicas!

Assim termina o quinto capítulo do *Guia do Estilo de Vida do Bodhisattva*, intitulado "*Guardar Vigilância*".

Confiar em Paciência

Se, por exemplo, uma casa pegar fogo
E houver o perigo do incêndio se alastrar para a
   vizinha,
Será aconselhável remover graxa seca e tudo
Que possa permitir que o fogo se espalhe.

Capítulo 6

Confiar em Paciência

(1) Todos os feitos virtuosos e mérito,
Como dar e fazer oferendas,
Acumulados em mil éons
Podem ser destruídos por um único instante de raiva.

(2) Não há mal maior do que a raiva
Nem virtude maior do que a paciência.
Portanto, devo lutar de várias maneiras
Para me familiarizar com a prática de paciência.

(3) Se abrigar dolorosos pensamentos de raiva,
Não terei paz mental,
Não encontrarei alegria nem felicidade
E me tornarei desassossegado e insone.

(4) Tomado por um ataque de raiva,
Poderei até matar um benfeitor,
De cuja bondade dependo
Para minha riqueza ou reputação.

(5) A raiva faz com que amigos e familiares se cansem de mim
E mesmo que com generosidade tente atraí-los, em mim não confiarão.
Em suma, não há ninguém
Capaz de viver feliz com raiva.

(6) Embora esse inimigo, a raiva,
Crie tais sofrimentos,
Qualquer um que trabalhe arduamente para superá-la
Encontrará tão-somente felicidade, nesta e nas vidas futuras.

(7) Por ter que fazer o que não quero
Ou ser impedido de fazer o que quero,
Desenvolvo infelicidade mental, que se torna o combustível
Para a raiva crescer e me destruir.

(8) Portanto, não devo nunca aceitar esse combustível, a infelicidade mental,
Que faz a raiva crescer dentro de minha mente,
Pois essa raiva inimiga não tem outra função
Além de me prejudicar.

(9) Não deixarei que nada que me aconteça
Perturbe minha paz mental.
Se me tornar infeliz, serei incapaz de satisfazer meus desejos espirituais
E minha prática de virtude se enfraquecerá.

(10) Se algo puder ser remediado
Por que me infelicitar com isso?
E não havendo remédio,
Continuo não tendo motivo para infelicidade.

6. CONFIAR EM PACIÊNCIA

(11) Ninguém quer sofrimentos, críticas,
Palavras ásperas ou coisas desagradáveis,
Nem para si nem para seus amigos;
Mas com os inimigos, o oposto ocorre!

(12) No samsara, as causas de felicidade raramente acontecem,
Ao passo que as causas de sofrimento são incontáveis.
Sem sofrimento, não haveria renúncia;
Portanto, ó mente, mantém-te firme.

(13) Se alguns ascetas e o povo de Karnapa
Podiam aturar a dor de queimaduras e dilacerações por motivos vãos,
Por que não posso aturar provações
Para libertar todos os seres do sofrimento?

(14) Não há o que não possa ser facilmente realizado
Se desenvolvermos familiaridade;
Logo, primeiro devo aprender a suportar pequenos sofrimentos
E, depois, gradualmente aturar os maiores.

(15) Isso pode ser constatado nos que aturam voluntariamente pequenos sofrimentos,
Como mordidas de animais ou insetos,
Sensações de fome ou sede,
Ou irritações da pele.

(16) Não devo me impacientar
Com calor ou frio, vento ou chuva,
Com doenças, confinamento ou surras;
Pois, se o fizer, a dor só irá crescer.

(17) Alguns, ao ver o próprio sangue,
Tornam-se ainda mais fortes e corajosos;
Enquanto para outros, ver o sangue do próximo
Já basta para que fiquem fracos e até desmaiem!

(18) Ambas as reações dependem da mente –
A do forte e a do fraco;
Logo, devo desconsiderar qualquer mal que me atinja
E não me deixar abalar pelo sofrimento.

(19) Sempre que experienciar provações,
Devo combater as delusões, como a raiva;
E sempre que experienciar dor física,
Devo usar sabedoria para manter a mente pura
 e serena.

(20) Aqueles que desprezam o sofrimento
Na luta para destruir a raiva e inimigos desse tipo
São os verdadeiros conquistadores, dignos do nome
 "herói";
Outros pretensos heróis não fazem mais do que
 matar cadáveres.

(21) Ademais, o sofrimento possui muitas boas qualidades.
Experienciando-o, podemos dissipar o orgulho,
Desenvolver compaixão pelos que estão presos no
 samsara,
Abandonar não-virtudes e nos deliciar em virtude.

(22) Não fico com raiva quando a causa do sofrimento
É algo inanimado, como uma doença;
Então, por que fico com raiva das causas animadas,
Já que todas elas também são controladas por outras
 condições?

(23) Apesar de serem absolutamente indesejadas,
As doenças, contudo, ocorrem.

6. CONFIAR EM PACIÊNCIA

       Do mesmo modo, embora não sejam bem-vindas,
       Delusões, como a raiva, forçosamente surgem.

(24) As pessoas não pensam "eu vou ficar com raiva",
       Elas simplesmente ficam;
       E a raiva não pensa "vou surgir",
       Ela simplesmente surge.

(25) Todas as falhas
       E todas as não-virtudes que existem
       Surgem pela força de outras condições –
       Elas não se autogovernam.

(26) As condições reunidas não têm a intenção
       De produzir um sofrimento resultante;
       Nem o sofrimento resultante pensa
       "Eu fui produzido pelas condições".

(27) Nada do que é asseverado como "o criador
          independente de tudo"
       Nem aquilo que é asseverado como "o self
          independente e permanente"
       Pode vir à existência pensando intencionalmente:
       "Agora vou surgir".

(28) Se o criador independente, ele próprio, não é
          produzido,
       Então, como ele pode produzir algo?
       Se o self fosse permanente, então, seguir-se-ia
       Que experiências não poderiam ser mudadas,
          passando de desagradáveis para agradáveis.

(29) É claro que se o self fosse permanente,
       Então, exatamente como o espaço, ele não poderia
          executar nenhuma ação;
       E ainda que pudesse encontrar outras condições,
       Continuaria sendo incapaz de fazer coisa alguma.

(30) Uma vez que, quando influenciado, ele continuaria a
    ser como era,
    Que efeito uma ação teria sobre ele?
    Se disseres que alguma outra coisa afeta o self,
    Que relação o self teria com ela?

(31) Assim, todos os efeitos surgem de outras condições,
    Que, por sua vez, dependem de condições anteriores.
    Portanto, todas as coisas são como ilusões – elas não
        são independentes.
    Se compreendermos isso, não sentiremos raiva de nada.

(32) *"Se todas as coisas fossem como ilusões, quem se
        absteria do quê?
    Com certeza, qualquer abstenção seria inadequada."*
    Pelo contrário, é precisamente porque as coisas
        carecem de existência inerente
    Que é possível asseverar que o continuum do
        sofrimento pode ser cortado.

(33) Assim, sempre que um inimigo, ou até um amigo,
    Cometer uma ação inadequada,
    Essa atitude terá surgido de outras condições.
    Compreendendo isso, devo manter minha mente feliz.

(34) Se coisas ocorressem independentemente, sem escolha,
    Então, já que ninguém quer sofrer,
    Como explicar que o sofrimento sempre surge
    Para todos os seres vivos?

(35) Algumas pessoas mal orientadas se autoflagelam,
    Deitando-se sobre espinhos e coisas do gênero;
    Outras, obcecadas por encontrar um parceiro,
    Privam-se de comer.

(36) Há aquelas que infligem mal a si mesmas
    Cometendo ações não-meritórias,

6. CONFIAR EM PACIÊNCIA

       Tais como se enforcar, se atirar em abismos,
       Tomar veneno ou ingerir alimentos ruins.

(37) Embora se apreciem mais do que tudo, as pessoas,
       Sob a influência de delusões, são capazes até de se matar.
       Por que devo me surpreender quando elas infligem dor
       A outros seres vivos como eu?

(38) Quando alguém, dominado por delusões,
       Parte para me ferir ou até matar,
       Caso não consiga desenvolver compaixão,
       Devo, no mínimo, me abster de ficar com raiva.

(39) Se a natureza essencial do infantil
       É infligir prejuízo aos outros,
       Ficar com raiva dele é tão sem sentido
       Quanto se ressentir com o fogo porque ele queima.

(40) Por outro lado, se essa nocividade é uma falha temporária
       E a pessoa, pelo contrário, é de natureza bondosa,
       Ficar com raiva dela é tão sem sentido
       Quanto se ressentir com o espaço porque ele se enche de fumaça.

(41) Se alguém nos fere com uma vara ou outra arma,
       Normalmente, é dele que ficamos com raiva,
       Mas, visto que seu intento foi governado pela raiva,
       É contra ela que devemos dirigir nossa ira.

(42) Em tais situações, devemos pensar:
       "No passado, prejudiquei o próximo de modo similar.
       Portanto, é adequado que eu, que prejudiquei os outros,
       Agora experiencie esse mal".

(43) A dor física que experiencio
   É causada tanto pela vara como pelo meu corpo;
   Mas, já que a vara vem de meu atacante e o corpo de mim,
   De qual dos dois devo ficar com raiva?

(44) Cego por anseio e ignorância,
   Assumi a base do sofrimento humano, esta forma
   Que mal aguenta ser tocada;
   Assim, de quem devo ficar com raiva quando ela é ferida?

(45) Embora nós, seres infantis, não queiramos o sofrimento,
   Somos imensamente apegados às suas causas.
   Assim, somos os únicos culpados pelo dano que colhemos;
   Por que jogar a culpa nos outros?

(46) Como os guardiões dos infernos,
   As florestas de lâminas afiadas e assim por diante,
   Meus sofrimentos desta vida resultam de minhas ações;
   Portanto, de quem devo ficar com raiva?

(47) Embora os que me prejudicam
   Sejam incitados a fazê-lo por causa de meu próprio carma,
   São *eles* que, como resultado, nascerão no inferno;
   Logo, não sou eu quem os prejudica?

(48) Tendo-os como meus objetos de paciência,
   Posso purificar muitas não-virtudes;
   Mas tendo-me como seu objeto de raiva,
   Eles caem por um longo período nos estados infernais de sofrimento.

6. CONFIAR EM PACIÊNCIA

(49) Portanto, já que sou eu quem lhes inflige mal
E são eles que me beneficiam,
Por que tu, mente rebelde, distorces as coisas assim,
Ficando com raiva deles?

(50) Se mantiver essa visão positiva,
Não criarei causas para nascer no inferno;
Mas, embora eu esteja me protegendo por meio da prática de paciência,
O mesmo efeito não amadurecerá nos outros.

(51) *"Então, não seria melhor revidar o mal?"*
Absolutamente! Retaliação não os protegeria;
Só causaria a degeneração de meus votos bodhisattva
E a destruição da minha prática de paciência.

(52) Já que minha mente não é uma forma corporal,
Não há quem seja capaz de destruí-la;
Mas porque sou fortemente apegado a meu corpo,
Sinto-me ferido quando ele sofre.

(53) Palavras ofensivas, desprezo
E fala desagradável
Não prejudicam o corpo;
Então, por que tu, ó mente, ficas com raiva?

(54) *"Tais palavras caluniosas podem fazer com que os outros não gostem de ti."*
O desagrado deles não me causará nenhum dano,
Nem nesta nem nas vidas futuras;
Então, por que não quero isso?

(55) *"Se as pessoas não gostarem de ti, serás impedido
De adquirir fortuna e status."*
Sim, mas vou perder todas as minhas aquisições mundanas quando morrer –
Só vai me restar a não-virtude que criei.

(56) Seria preferível morrer hoje
   Do que ter uma vida longa cheia de não-virtude;
   E mesmo que eu tivesse uma vida longa,
   Teria, ainda assim, que me defrontar com o sofrimento da morte.

(57) Se uma pessoa acordasse de um sonho
   Em que experienciou cem anos de felicidade,
   E outra acordasse de um sonho
   Em que experienciou apenas um breve instante de felicidade,

(58) Quando despertassem, ambas estariam na mesma situação,
   Pois nenhuma delas poderia voltar àquela felicidade.
   Do mesmo modo, seja nossa vida longa ou curta,
   Na hora da morte, tudo acabará da mesma maneira.

(59) Mesmo que viva feliz por bastante tempo
   E junte imensa fortuna e posses,
   Terei de deixar esta vida de mãos vazias e nu,
   Como se roubado por um ladrão.

(60) *"Ainda assim, juntar riqueza sustentará tua vida,*
   Para que possas purificar não-virtude e acumular mérito."
   Entretanto, se ao juntar essa fortuna eu gerar não-virtudes, como a raiva,
   Minha não-virtude é o que aumentará e o mérito, o que diminuirá.

(61) Que interesse tem uma vida
   Na qual cometemos somente não-virtude?
   Não-virtudes são a principal causa de nosso sofrimento
   E sofrimento é o principal objeto a ser abandonado!

(62) *"Deves, pelo menos, retaliar quando falarem mal de ti
Fazendo com que os outros percam a fé que em ti
depositam."*
Nesse caso, por que não fico com raiva
Quando as pessoas falam mal dos outros?

(63) Ó mente, se podes suportar tal perda de fé
Quando isso se refere aos outros,
Por que não és paciente quando os outros falam mal
de ti,
Uma vez que isso está relacionado com o surgimento
das delusões?

(64) Mesmo que alguém venha a insultar ou destruir o
Dharma,
Imagens sagradas ou estupas,
Continua sendo inadequado ficar com raiva desse
agressor,
Pois como poderiam ser as Três Joias prejudicadas?

(65) Devemos também impedir que surja raiva contra
alguém
Que prejudique nosso Guia Espiritual, amigos ou
parentes,
Constatando que tal dano ocorre igualmente na
dependência de condições,
Exatamente como foi explicado.

(66) Seres encarnados são prejudicados
Tanto por objetos animados quanto inanimados;
Logo, por que ficar com raiva unicamente dos
animados?
Devemos ser pacientes com ambos.

(67) Se uma pessoa prejudicar alguém por ignorância
E outra ficar com raiva dela, também por ignorância,
Qual delas incorreu em falta
E qual delas não?

(68) Por ignorância, anteriormente cometi ações
Que hoje resultam no mal que os outros me fazem.
Assim, todo o mal que colho se refere às minhas próprias ações;
Então, por que fico com raiva dos outros?

(69) Constatando que isso é assim,
Devo praticar o que é meritório,
Movido pelo desejo de que todos os seres vivos
Desenvolvam amor uns pelos outros.

(70) Se, por exemplo, uma casa pegar fogo
E houver o perigo do incêndio se alastrar para a vizinha,
Será aconselhável remover grama seca e tudo
Que possa permitir que o fogo se espalhe.

(71) Igualmente, quando meus entes queridos são prejudicados,
Meu apego por eles faz com que o fogo da raiva se alastre e me alcance.
Temendo que todo meu mérito seja consumido,
Devo abandonar, de uma vez por todas, tal apego.

(72) Quão afortunado seria um condenado à morte,
Cuja pena fosse reduzida a ter apenas uma das mãos cortada;
E quão afortunados seríamos nós se, em vez das agonias do inferno,
Tivéssemos que experienciar apenas os sofrimentos do reino humano.

6. CONFIAR EM PACIÊNCIA

(73) Se não conseguimos suportar o sofrimento relativamente leve
Que temos de experienciar agora,
Por que não nos abstemos da raiva,
Que causará o sofrimento incomparavelmente maior do inferno?

(74) No passado, em razão de meu apego por ações não virtuosas,
Tive que aturar éons de tormento nos infernos e alhures;
Apesar de tudo, nenhum benefício colhi,
Nem para mim nem para os outros;

(75) Mas, agora, aturando contrariedades relativamente pequenas,
Posso realizar o maior de todos os propósitos –
Libertar todos os seres vivos de seus sofrimentos;
Logo, devo sentir unicamente alegria ao aturar tais provações.

(76) Quando alguém gera uma mente de alegria
Ao elogiar as boas qualidades de outra pessoa,
Por que, mente, também tu não a elogias
E provas da mesma alegria?

(77) Devo sempre me regozijar com a felicidade e a virtude alheias.
Tal alegria aumenta minhas virtudes.
Ademais, deleita os seres sagrados
E é o método supremo para beneficiar os outros.

(78) Aqueles que não se interessam pela felicidade dos outros
E não querem que eles sejam felizes
São como alguém que para de remunerar seus trabalhadores
E, por isso, experiencia muitos problemas.

(79) Quando minhas próprias boas qualidades são elogiadas,
Quero que os outros se regozijem comigo;
Então, por que eu não deveria me regozijar
Quando as boas qualidades dos outros são elogiadas?

(80) Tendo gerado a motivação da bodhichitta,
Que deseja que todos os seres vivos sejam felizes,
Por que cargas d'água não nos regozijamos
Quando os outros encontram um pouco de felicidade?

(81) Se realmente desejo que os seres vivos se tornem Budas,
Que são adorados em todos os mundos,
Por que me incomodo
Quando os outros, hoje, recebem um pouco de respeito mundano?

(82) Se uma pessoa de quem eu cuido
E a quem sustento de diversas maneiras
Encontrasse seu próprio ganha-pão,
Seguramente, isso me deixaria feliz, nunca aborrecido.

(83) Se invejo tanto os seres vivos,
Como posso desejar que eles atinjam a iluminação?
Onde está a bodhichitta de alguém que não fica feliz
Quando os outros recebem algo de bom?

(84) As pessoas ficam com raiva quando alguém beneficia um inimigo seu,
Mas, que o inimigo receba ou não benefício,
É sua própria raiva que o incita a atacar,
Logo, a culpada é a raiva, não o benfeitor.

(85) Como explicar que ao sentir raiva jogamos fora nosso mérito,
A fé que os outros têm em nós e as nossas outras boas qualidades?

6. CONFIAR EM PACIÊNCIA

Não seria melhor sentir raiva da própria raiva,
Visto que ela não traz benefícios nem para nós nem para os outros?

(86) Já basta que tu, mente, não tenhas remorso
Pelas não-virtudes que cometeste;
Mas por que alias isso
À inveja daqueles que praticam virtude?

(87) O pensamento que deseja a dor do inimigo
Só prejudica a nós mesmos, ao criar não-virtude;
Compreendendo isso, não devemos gerar pensamentos prejudiciais
Por ninguém, inclusive nossos inimigos.

(88) E mesmo que teu inimigo sofresse da maneira que desejas,
Como isso te beneficiaria?
Se disseres *"bem, pelo menos isso me daria certa satisfação"*,
Haveria mente mais vil do que essa?

(89) Tais pensamentos são como os terríveis anzóis afiados
Lançados pelo pescador das delusões, como a raiva.
Uma vez fisgados, com certeza seremos cozidos vivos
Nos pavorosos caldeirões dos guardiões do inferno.

(90) Elogios, fama e boa reputação
Não vão aumentar meu mérito nem estender minha vida,
Tampouco me fortalecer, me libertar de doenças
Ou me proporcionar outras formas de prazer físico.

(91) Prazeres efêmeros, como beber e divertir-se com futilidades,
São enganosos.
Se eu compreender o real significado de uma vida humana,
Nada disso terá valor para mim.

(92) Em nome da conquista de fama e reputação,
As pessoas perdem fortunas e até sacrificam a vida.
Mas de que servirão algumas palavras ocas na hora da morte?
A quem elas trarão prazer?

(93) Quando perdem sua reputação,
As pessoas se decepcionam como crianças,
Que choram quando seu castelo de areia
É varrido pela maré.

(94) Alguns sons efêmeros e inanimados
Não podem ter a intenção de me elogiar.
"Mas eles são uma fonte de prazer para aquele que te elogia;
Logo, também deves te alegrar."

(95) Se alguém elogiar a mim ou aos outros,
Como poderei beneficiar-me com seu prazer?
Já que o prazer só está em sua mente,
Desse prazer nada posso receber.

(96) *"Mas deverias ficar feliz porque a pessoa está feliz."*
Então, deveria sentir o mesmo em relação a todos;
Nesse caso, também devo me alegrar
Quando algo agrada meu inimigo!

(97) Buscar felicidade nos elogios
Dos amigos e de outras pessoas

6. CONFIAR EM PACIÊNCIA

É totalmente inadequado –
Uma atitude bastante infantil.

(98) Louvor e coisas assim me distraem da virtude,
Enfraquecem minha desilusão com o samsara,
Fazem-me invejar as boas qualidades alheias
E minam tudo que é benéfico.

(99) Portanto, aqueles que conspiram
Para me impedir de ser elogiado,
Na realidade, estão agindo para me impedir
De cair nos reinos inferiores!

(100) Eu, que busco libertação, não preciso de riquezas ou
  boa reputação,
Pois tudo isso só me mantém cativo no samsara;
Então, por que sinto raiva
De quem me livra desse cativeiro?

(101) Aqueles que me fazem sofrer
São como Budas concedendo-me bênçãos.
Visto que me conduzem a caminhos libertadores,
Por que sinto raiva deles?

(102) *"Não estariam eles obstruindo tua prática virtuosa?"*
Absolutamente! Não existe prática virtuosa maior do
  que a paciência;
Portanto, nunca ficarei com raiva
Daqueles que me fazem sofrer.

(103) Se em razão de meus próprios defeitos
Eu não praticar paciência com um inimigo,
Não será ele, mas eu, que impedirá minha prática de
  paciência –
A causa para acumular mérito.

(104) Meu inimigo é a causa para que eu acumule o mérito
 de paciência,
 Porque, sem ele, não existe paciência a ser praticada,
 Ao passo que, com ele, existe.
 Então, como dizer que o inimigo obstrui minha
 prática virtuosa?

(105) Um mendigo não é um obstáculo
 Para aqueles que praticam generosidade,
 Assim como um abade não o seria
 Para aqueles que desejam se ordenar.

(106) Existem muitos mendigos neste mundo,
 Mas as pessoas que me prejudicam são extremamente
 raras.
 Com efeito, se eu não houvesse prejudicado os
 outros no passado,
 Não haveria quem agora me prejudicasse!

(107) Devo me deleitar por ter encontrado um inimigo,
 Capaz de me ajudar a praticar a conduta que leva à
 iluminação,
 Tanto quanto o faria se, de repente, surgisse um
 tesouro em minha casa,
 Sem que eu tivesse me esforçado para obtê-lo.

(108) Além de mim, meu inimigo é causa da minha prática
 de paciência.
 Devo, portanto, primeiro dedicar
 Quaisquer frutos dessa prática,
 À pessoa que foi uma causa dela.

(109) *"Mas teu inimigo não tem intenção de te ajudar a
 praticar paciência,
 Então, por que deverias venerá-lo?"*
 Em sendo assim, por que venerar o sagrado Dharma
 Como um meio de praticar virtude?

6. CONFIAR EM PACIÊNCIA

(110) *"É claro que não deves venerar um inimigo*
Que nutre a intenção de te prejudicar."
Mas se todos agissem como um médico lutando para me ajudar,
Quando eu praticaria paciência?

(111) Assim, porque a prática de paciência ocorre
Na dependência daqueles que têm mentes de ódio,
Tais pessoas devem ser veneradas exatamente como o sagrado Dharma,
Pois elas são as causas da prática de paciência.

(112) Buda disse que o campo de seres vivos
É como o campo de seres iluminados,
Pois há muitos praticantes que agradando os seres vivos
Atingiram o estado de perfeição, a Budeidade.

(113) Já que seres vivos e iluminados são semelhantes
No sentido de que as qualidades de um Buda surgem na dependência dos seres vivos,
Por que não respeitamos os vivos
Tanto quanto respeitamos os iluminados?

(114) Eles não são iguais no tocante às suas realizações,
Mas como os seres vivos têm a qualidade
De ajudar a produzir o mesmo resultado, a Budeidade,
Eles são iguais por serem também um campo de mérito.

(115) Todo mérito de venerar alguém que tem amor ilimitado
Deve-se à grandeza dos seres vivos,
E todo mérito de ter fé nos Budas
Deve-se à grandeza dos Budas.

(116) Assim, eles são tidos como iguais, porque o respeito por ambos
Leva à conquista do estado da Budeidade;
Porém, como os seres vivos não possuem boas qualidades ilimitadas,
Eles não são efetivamente iguais aos Budas.

(117) As qualidades únicas de um Buda são tão extensas
Que a manifestação de uma ínfima fração delas num ser
O tornaria digno de uma veneração que permaneceria inexprimível
Mesmo que se lhe oferecesse tudo o que existe nos três mundos.

(118) Portanto, porque participam da originação
Do supremo estado da Budeidade,
Pelo menos desse ponto de vista,
É adequado venerar os seres vivos.

(119) Ademais, além de agradar os seres vivos,
Que outra maneira haveria de retribuirmos
Àqueles amigos supremos e estáveis,
Que concedem incomensuráveis benefícios?

(120) Beneficiando os seres vivos, retribuirei a Buda,
Que muitas vezes deu a vida e foi aos confins do inferno por amor a eles.
Portanto, mesmo que me inflijam grande dor,
Vou sempre tratá-los com respeito e bom coração.

(121) Se os Budas, que são muito superiores a mim,
Desprezaram seu próprio corpo por amor aos seres vivos,
Por que ajo movido por insensato orgulho
E não me comporto como se fosse um servo do próximo?

6. CONFIAR EM PACIÊNCIA

(122) Budas se deleitam quando os seres vivos estão felizes
E não gostam quando são prejudicados;
Segue-se, portanto, que agradar ou prejudicar
  seres vivos
É o mesmo que agradar ou prejudicar todos os Budas.

(123) Se maltratarmos uma criança,
Não haverá como agradar sua mãe.
Do mesmo modo, se maltratarmos qualquer ser vivo,
Não haverá como agradar os compassivos Budas.

(124) Portanto, já que prejudiquei os seres vivos,
O que muito desagradou os compassivos Budas,
Hoje, confesso cada uma dessas não-virtudes –
Por favor, Ó Compassivos, perdoai-me por vos ter
  assim ofendido.

(125) De agora em diante, para deleitar os Tathagatas,
Sem hesitar, tornar-me-ei um servo de todos os
  seres vivos.
Mesmo que me chutem ou humilhem,
Vou agradar os Budas não retaliando.

(126) Não há dúvida de que os compassivos Budas
Trocaram completamente o eu com todos os seres vivos.
Assim, a natureza dos seres vivos e a mesma que a
  dos Budas;
Logo, devemos dedicar-lhes igual respeito.

(127) Praticar dessa maneira agrada a todos os Budas,
É um método perfeito para acumular boa fortuna
E me capacita a dissipar os sofrimentos do mundo.
Portanto, preciso praticar sempre os três tipos de
  paciência.

(128) Se, por exemplo, o ministro de um rei
Viesse a prejudicar muita gente,
Pessoas de visão não retaliariam
Ainda que tivessem a possibilidade de fazê-lo,

(129) Pois veriam que ele não está sozinho,
Mas é apoiado pelo poder do rei.
Do mesmo modo, não devemos retaliar
Quem nos causa pequenos danos,

(130) Porque são apoiados pelos compassivos Budas –
E pelos guardiões do inferno!
Portanto, devemos ser como os súditos de um
   poderoso rei
E tentar agradar os outros seres vivos.

(131) Mesmo que ficasse enfurecido,
Um rei não poderia submeter-me aos sofrimentos do
   inferno,
Os quais terei que experienciar
Se prejudicar outros seres.

(132) E por mais benévolo que fosse,
Um rei não poderia conceder-me a conquista da
   Budeidade,
A qual experienciarei
Se agradar outros seres.

(133) Por que não enxergo que a conquista final da
   Budeidade,
Bem como meu sucesso, boa reputação
E prosperidade nesta vida,
Provêm de agradar os outros seres vivos?

6. CONFIAR EM PACIÊNCIA

(134) Mesmo estando no samsara,
  Se praticar paciência, terei formas agradáveis,
  Boa saúde, reputação, vidas muito longas
  E até a imensa felicidade de um rei chakravatin!

Assim termina o sexto capítulo do *Guia do Estilo de Vida do Bodhisattva,* intitulado *"Confiar em Paciência".*

Confiar em Esforço

Quando for assaltado por uma horda de delusões,
Contra elas lutarei de mil maneiras.
Como um leão em meio a um bando de raposas,
Não me deixarei prejudicar pelas delusões.

Capítulo 7

Confiar em Esforço

(1) Com a prática de paciência, devo treinar em esforço,
Porque disso depende o fruto, a iluminação.
Assim como uma chama de vela não se move sem vento,
Também as coleções de sabedoria e mérito não crescem sem esforço.

(2) Esforço é uma mente que se deleita em virtude.
Seus principais inimigos são a preguiça da indolência,
A preguiça da atração por ações não virtuosas
E a preguiça do desânimo.

(3) A preguiça da indolência se desenvolve
Quando, sentindo-nos atraídos por prazeres mundanos
E particularmente pelos prazeres de dormir,
Deixamos de nos desiludir com os sofrimentos do samsara.

(4) Por que não entendemos que, enquanto estivermos
No laço de delusões como a preguiça,
Continuaremos enroscados na rede do samsara
E aprisionados na boca do Senhor da Morte?

(5) Verificando com cuidado, constato que o Senhor da Morte
Massacra sistematicamente a todos;
Mas, mesmo assim, continuo a não me preocupar com a morte,
Qual um animal inconsciente de que será abatido.

(6) O Senhor da Morte está à procura de sua próxima vítima,
A fim de impedi-la de percorrer o caminho à libertação,
E essa vítima é bem possível que seja eu;
Então, como posso continuar entregue aos prazeres mundanos?

(7) A hora da morte virá rapidamente,
Portanto, acumulem sabedoria e mérito enquanto podem.
Não esperem sua chegada para abandonar a preguiça,
Pois, então, será tarde demais!

(8) Com coisas por começar
E outras ainda por acabar,
O Senhor da Morte subitamente me atacará
E pensarei: "Oh, não! Chegou o meu fim".

(9) Quando eu me tornar vítima do Senhor da Morte,
Meus parentes – com os olhos vermelhos e inchados de dor
E o rosto desfigurado de tanto chorar –
Perderão toda a esperança.

(10) Atormentado pelas memórias de minhas não-virtudes anteriores
E ouvindo os sons do inferno iminente,
Aterrorizado, vou me sujar com meu próprio excremento!
O que poderei fazer nesse estado tão patético?

7. CONFIAR EM ESFORÇO

(11) Se até nesta vida humana vou experienciar terror
Igual ao que sente um peixe que está sendo cozido vivo,
O que dizer dos sofrimentos insuportáveis do inferno,
Que experienciarei em consequência de minhas ações não virtuosas.

(12) Como resultado das não-virtudes que cometi,
Vou renascer nos infernos quentes,
Onde minha carne tenra e jovem será escaldada por metais fundidos em brasa;
Assim, como posso sossegar sob o jugo da preguiça?

(13) Almejo aquisições elevadas sem nenhum esforço,
Liberdade permanente sem ter que aturar pacientemente a dor
E quero continuar como um deus de longa-vida, sendo que vivo na boca da morte.
Quão tolo eu sou! Quando a morte chegar, serei esmagado pelo sofrimento!

(14) Na dependência desta forma humana que é como um barco,
Podemos cruzar o grande oceano de sofrimento.
Visto que será difícil encontrar tal embarcação outra vez,
Não é hora de dormir, ó tolos!

(15) Por que abandono a alegria do sagrado Dharma,
Que é fonte de felicidade ilimitada,
Só para buscar prazer em distrações e metas fúteis,
Que não passam de causas de sofrimento?

(16) Sem desanimar, devo coletar sabedoria e mérito
E lutar para adquirir autocontrole por meio de contínua-lembrança e vigilância;
Então, devo equalizar eu com outros
E fazer a prática de trocar eu com outros.

(17) Não devo desanimar pensando
"Que chances tenho de me iluminar?",
Pois os Tathagatas, que só falam a verdade,
Disseram que isso é possível.

(18) Diz-se que até moscas, abelhas, borrachudos
E demais insetos e animais
Podem atingir o raro e insuperável estado da iluminação
Se desenvolverem o poder do esforço;

(19) Então, por que eu, que nasci como ser humano
E compreendo o significado dos caminhos espirituais,
Não atingiria a iluminação
Seguindo o estilo de vida do Bodhisattva?

(20) Algumas pessoas podem desanimar, com medo
De ter que sacrificar a própria carne,
Mas isso acontece porque elas não compreendem
O que devemos dar e quando fazê-lo.

(21) Em vidas anteriores, por incontáveis éons,
Fomos cortados, esfaqueados, queimados
E esfolados vivos muitas vezes;
Mas nada extraímos de todas essas provações.

(22) Ora, as provações que precisamos suportar para atingir a iluminação
São insignificantes se comparadas àquelas.
É como ter que aguentar o sofrimento de uma cirurgia,
A fim de escapar de dores muito mais pungentes.

(23) Se médicos precisam usar tratamentos desagradáveis
Para curar as pessoas de suas doenças,
Devo ser capaz de aguentar algum desconforto
Para destruir os inúmeros sofrimentos do samsara.

(24) Mas Buda, o Médico Supremo, não emprega
Tratamentos comuns desse tipo;
Ele usa métodos extremamente suaves
Para eliminar todas as grandes doenças das delusões.

(25) Para começar, Buda, o Guia, nos encoraja
A praticar o dar com objetos como comida.
Mais tarde, quando nos familiarizarmos com isso,
Poderemos gradualmente aprender a doar nossa
    própria carne.

(26) Quando, por fim, desenvolvermos a mente
Que considera nosso corpo apenas como comida,
Que mal-estar sentiremos
Por oferecer nossa carne?

(27) O Bodhisattva abandonou não-virtude e, portanto,
    não experiencia sofrimento físico;
E como realiza claramente a vacuidade, não
    experiencia dor mental.
Nós, em contraposição, somos afligidos por
    concepções errôneas
E nossos corpos e mentes são prejudicados por ações
    não virtuosas.

(28) Em virtude de seu mérito, o Bodhisattva experiencia
    felicidade física
E em razão de sua sabedoria, alegria mental;
Portanto, mesmo que esse ser compassivo tenha que
    ficar no samsara por amor ao próximo,
Como iria ele sentir-se perturbado?

(29) Pelo poder de sua bodhichitta,
Ele purificou toda a sua não-virtude anterior;
E por ter acumulado vastas coleções de mérito e
    sabedoria,
Diz-se ter superado os Ouvintes.

(30) Depois de montar o corcel da bodhichitta,
Que dissipa o desânimo mental e o cansaço físico,
O Bodhisattva percorre o caminho, de alegria em alegria.
Sabendo disso, quem ficaria desanimado?

(31) Os quatro poderes que nos ajudam a trabalhar para o benefício dos outros
São os poderes da aspiração, autoconfiança, alegria e rejeição.
O poder da aspiração é gerado contemplando-se os benefícios das ações virtuosas
E desenvolvendo medo do ciclo de sofrimento.

(32) Tendo superado os três tipos de preguiça,
Devo lutar constantemente para aumentar meu esforço,
Por meio de aspiração, autoconfiança, alegria e rejeição,
E pela força de familiaridade e maleabilidade mental.

(33) No passado, acumulei
Incontáveis ações não virtuosas,
Entre as quais, uma única é capaz de me levar
A experienciar muitos éons de sofrimento,

(34) Mas por causa de minha preguiça,
Não purifiquei nenhum desses males
E, assim, continuo sendo uma morada de infinito sofrimento.
Por que meu coração não se estilhaça de medo?

(35) Preciso atingir as boas qualidades de um Bodhisattva
Pelo meu próprio bem e o dos outros,
Mas talvez muitos éons sejam necessários
Para que eu conquiste apenas uma delas.

7. CONFIAR EM ESFORÇO

(36) Até aqui, não me familiarizei
Sequer com uma fração dessas boas qualidades.
Quão trágico seria se agora eu viesse a desperdiçar
Este raro e precioso renascimento em atividades
    sem sentido!

(37) Será que tenho fé e respeito por Buda?
Pratiquei seus ensinamentos, o Dharma?
Será que confio nos supremos amigos espirituais,
    a Sangha?
Satisfiz os desejos dos pobres e necessitados?

(38) Dei ajuda àqueles que estão em perigo,
Ou consolei os que estão sofrendo?
Não! Tudo o que fiz foi experienciar o desconforto
De estar no útero de minha mãe e todos os
    sofrimentos posteriores.

(39) Em minhas vidas anteriores, adotei visões
Que negaram os ensinamentos de Buda
E, como resultado, agora sou muito pobre de
    realizações espirituais.
Sabendo disso, como posso desistir da prática
    de Dharma?

(40) Buda, O Habilidoso, disse
Que a raiz do Dharma é a intenção de praticá-lo.
Podemos gerar essa intenção meditando sobre
A lei do carma, ou ações e seus efeitos.

(41) Qualquer sofrimento físico e infelicidade mental,
Todos os diferentes tipos de medo
E o sofrimento de ser separado daquilo que desejamos
Surgem de ações não virtuosas.

(42) Se cometermos ações não virtuosas,
Ainda que queiramos ser felizes,
Seremos trespassados pelas armas do sofrimento
Onde quer que estejamos;

(43) Mas se executarmos ações virtuosas com pura intenção,
Seremos nutridos pela felicidade
Resultante desse mérito
Onde quer que renasçamos.

(44) Os nascidos na Terra Pura de Buda surgem do lótus
das puras ações executadas ao receberem a luz das
bênçãos de Buda Conquistador.
Eles são completamente puros, incontaminados pelas
delusões, como um lótus impoluto pelo lodo.
Nutridos por ouvir diretamente a fala de Buda
Conquistador, eles experienciam suprema paz
interior.
Toda a sua felicidade e bem-aventurança é o
resultado de ações virtuosas, como as seis
perfeições, preces e dedicatórias.

(45) Em contraposição, os que nascem no inferno, nos
flamejantes solos de ferro em brasa, sofrem nas mãos
dos capangas do Senhor da Morte,
Que dilaceram sua pele, despejam cobre fundido
dentro de seu corpo
E, depois, furando-os com espadas e lanças em chamas,
cortam sua carne em centenas de fragmentos.
Tais sofrimentos, experienciados por muitos éons, são o
resultado de ações não virtuosas.

(46) Portanto, devo sempre manter a intenção de
acumular virtudes, nunca não-virtudes,
E colocar essa intenção em prática com intenso esforço.

7. CONFIAR EM ESFORÇO

Como foi mencionado no *Sutra Vajradotsa*,
Qualquer que seja a prática de Dharma que eu
  estude, devo completá-la com forte confiança.

(47) Primeiro, preciso examinar o que deve ser feito,
A fim de avaliar se consigo fazer isso ou não.
Se me considerar incapaz, não devo sequer começar;
Mas tendo começado, não devo jamais voltar atrás.

(48) Do contrário, esse hábito passará para minhas
  vidas futuras
E minhas não-virtudes e sofrimento continuarão
  a crescer.
Além disso, outras ações virtuosas tardarão a
  serem conquistadas
E só produzirão magros resultados.

(49) Devo manter autoconfiança sobre três coisas:
Minha prática de Dharma, minhas atividades de
  Dharma e minha capacidade de superar as delusões.
Devo encorajar-me, "sozinho conduzirei todos os
  seres vivos à felicidade da iluminação",
E desse modo conservar minha autoconfiança nessas
  três coisas.

(50) Ao contrário de mim, os seres mundanos são fracos.
Controlados pela delusão e pelo carma,
Eles são incapazes de tornar suas vidas significativas.
Portanto, vou praticar virtude em nome deles.

(51) Como posso cruzar os braços, sem nada fazer,
Enquanto os outros desperdiçam suas vidas em
  tarefas inúteis?
Embora possa parecer presunção,
Devo agir com autoconfiança, que nada tem a ver
  com presunção.

(52) Se uma serpente estiver morrendo no chão,
Corvos, passando-se por valentes gaviões, irão atacá-la.
Do mesmo modo, se minha autoconfiança for fraca,
Até a menor das adversidades será capaz de me
  prejudicar.

(53) Se por preguiça eu desistir de treinar,
Como atingirei a libertação em tal estado de fraqueza?
Mas se, com autoconfiança, eu gerar esforço,
Nem a maior das adversidades será capaz de me
  prejudicar.

(54) Portanto, com firmeza,
Vou superar quaisquer quedas,
Pois, se me deixar derrotar por uma delas,
Meu desejo de triunfar sobre todos os obstáculos não
  passará de uma piada.

(55) "Conquistarei todos os obstáculos,
E nenhum me conquistará."
Assim, eu, que me tornarei um Conquistador,
Vou praticar com autoconfiança.

(56) Quem é governado pela visão da presunção
Está sendo influenciado por delusão, não pela
  autoconfiança.
Essa pessoa sucumbiu ao inimigo, a visão presunçosa,
Enquanto aquele que possui autoconfiança não o fez.

(57) Os que estão inflados pela visão deludida da presunção
Irão nascer nos reinos inferiores;
E se mais tarde renascerem sob a forma humana,
Serão pobres e miseráveis, como escravos que se
  alimentam de restos.

7. CONFIAR EM ESFORÇO

(58) Estúpidos, feios e fracos, serão desprezados por todos.
Os valentões, inflados de orgulho,
Também estão incluídos entre os presunçosos –
Quem pode ser mais patético do que eles?

(59) Em contraposição, quem desenvolver a confiança
de que pode conquistar esse inimigo, a visão
presunçosa,
Será um autoconfiante, um verdadeiro herói
conquistador;
E todo aquele que erradicar por completo a visão
presunçosa
Será capaz de satisfazer os desejos temporários dos
seres vivos e conceder-lhes o fruto da iluminação.

(60) Quando for assaltado por uma horda de delusões,
Contra elas lutarei de mil maneiras.
Como um leão em meio a um bando de raposas,
Não me deixarei prejudicar pelas delusões.

(61) Assim como as pessoas protegem seus olhos
Em situações de perigo,
Sempre que houver o perigo das delusões,
Vou me proteger contra sua influência.

(62) Antes ser queimado até a morte
Ou ter a cabeça decepada,
Do que sucumbir
Ao inimigo, as delusões.

(63) Como Bodhisattva, devo almejar trabalhar para
os outros
Com o mesmo entusiasmo de alguém
Que se deleita completamente enquanto brinca.
Sem nunca me cansar, devo experienciar alegria
ininterrupta.

(64) Embora nunca saibam que resultados obterão, se de felicidade ou de sofrimento,
As pessoas mundanas ainda assim trabalham arduamente para serem felizes;
Então, por que nós não extraímos alegria da prática de Dharma,
Sabendo que ela resultará indubitavelmente em felicidade?

(65) Tenho um forte anseio de perseguir objetos de desejo,
Que, como mel no fio de uma lâmina, não trazem verdadeira satisfação;
Bem melhor seria desenvolver um forte desejo de perseguir ações virtuosas,
Cujo resultado é a felicidade duradoura da libertação de todo o sofrimento.

(66) Portanto, para completar todas essas ações virtuosas,
Me engajarei nelas com o entusiasmo
De um elefante que, atormentado pelo calor do dia,
Mergulha nas águas de um lago refrescante.

(67) Se me sentir fraco ou cansado, devo interromper o que estava fazendo
E continuar mais tarde, depois de ter descansado.
Quando tiver executado algo bem feito, não devo me apegar,
Mas passar ao que deve ser feito a seguir.

(68) Assim como um guerreiro bem-treinado, na frente de combate
Aproxima-se das armas do inimigo com cuidado,
Também eu vou me proteger contra as armas das delusões
E amarrar essas inimigas de modo a destruí-las.

7. CONFIAR EM ESFORÇO

(69) Alguém que derrube sua arma durante uma batalha,
Com medo, imediatamente a retomará.
Do mesmo modo, se eu perder minha arma, a contínua-lembrança,
Vou lembrar-me dos sofrimentos do inferno e, com medo, imediatamente restaurá-la.

(70) Assim como uma gota de veneno se espalha através do corpo
Com a circulação sanguínea,
Também as delusões se espalharão pela minha mente
Se lhes for dada a oportunidade.

(71) Um praticante de Dharma deve treinar com a mesma atenção
Com que uma pessoa andaria se estivesse sendo forçada a carregar um jarro transbordante de óleo,
E soubesse que atrás dela está um algoz de espada em punho
Pronto para matá-la se ela derramar uma única gota do óleo.

(72) Portanto, assim como eu saltaria rapidamente
Se uma serpente subisse no meu colo,
Sempre que o sono ou a preguiça me ameaçarem,
Também vou velozmente removê-los de minha mente.

(73) Cada vez que falhas, como as delusões, surgirem,
Vou me punir com severidade
E, então, concentrar-me longamente
Na determinação de não deixar que isso se repita.

(74) Desse modo, em todas as situações,
Vou me familiarizar com contínua-lembrança –
Praticando o Dharma sincera e puramente
De modo a proteger a mim e aos outros do sofrimento.

(75) A fim de garantir que terei força para tudo isso,
Antes de começar, vou me lembrar
Das instruções sobre conscienciosidade
E enfrentar essas tarefas com maleabilidade de corpo e mente.

(76) Assim como um floco de algodão bailando de um lado para outro
É controlado pelo movimento do vento,
Se meu corpo, fala e mente forem controlados pela alegria do esforço,
Velozmente conquistarei todas as realizações.

Assim termina o sétimo capítulo do *Guia do Estilo de Vida do Bodhisattva*, intitulado *"Confiar em Esforço"*.

Confiar em Estabilização Mental

Refrescados pelo perfume de flores nas noites de luar
E ao sopro de brisas calmas e silenciosas,
Eles vivem com alegria e sem distração,
Focalizados em beneficiar os outros.

Capítulo 8

Confiar em Estabilização Mental

(1) Tendo gerado esforço desse modo,
Devo posicionar minha mente em concentração;
Pois aquele que tem uma mente distraída
Está preso nas garras das delusões.

(2) Distrações não surgem
Para os que vivem em solidão física e mental.
Portanto, devo largar a vida mundana
E abandonar todos os pensamentos perturbadores.

(3) Apego por pessoas, posses e reputação
Me impede de largar a vida mundana.
Para abandonar tais obstáculos,
Devo contemplar como segue.

(4) Por compreender que as delusões são totalmente destruídas
Pela visão superior associada ao tranquilo-permanecer,
Devo primeiro lutar para atingir o tranquilo-permanecer,
Desistindo com alegria do apego pela vida mundana.

(5) Eu, que estou em decomposição momento a momento, tenho apego pelos outros,
Que também estão em decomposição momento a momento.
Como resultado, não serei capaz de ver
Objetos puros, atraentes, por centenas de vidas.

(6) Se não me encontro com alguém que considero atraente,
Torno-me infeliz e não consigo posicionar minha mente em concentração;
No entanto, quando encontro essa pessoa, não obtenho satisfação,
Mas continuo tão atormentado pelo apego quanto estava antes.

(7) Ter forte apego por outros seres vivos
Obstrui a visão correta da vacuidade,
Impede a renúncia pelo samsara
E causa grande pesar na hora da morte.

(8) Enquanto nos preocupamos com as coisas do mundo,
A vida passa sem nenhum sentido.
Em nome de amigos e parentes impermanentes,
Negligenciamos o Dharma, que conduz à libertação permanente.

(9) Comportando-nos desse modo infantil,
Criaremos, com certeza, causas de nascimento inferior.
Já que seres mundanos nos levam a estados desafortunados,
De que serve confiarmos neles?

(10) Num momento, eles são amigos,
No seguinte, tornam-se inimigos;
E mesmo enquanto se divertem, ficam com raiva –
Quão pouco confiáveis são os seres mundanos!

8. CONFIAR EM ESTABILIZAÇÃO MENTAL

(11) Se eu lhes falar sobre algo relevante, eles se
 enraivecem
 E tentam até impedir que eu me envolva nessa ação
 significativa;
 Todavia, se não dou ouvido ao que dizem, ficam
 com raiva
 E, ao fazê-lo, criam causas de renascimento inferior!

(12) Os infantis sentem inveja de quem lhes é superior,
 Competem com seus iguais e são arrogantes com
 seus inferiores.
 Tornam-se vaidosos quando elogiados, mas sentem
 raiva quando criticados.
 Apegar-se a eles nunca traz benefício.

(13) Em consequência de nos associarmos aos infantis,
 Somos naturalmente levados a ações doentias,
 Tais como louvar a si próprio, depreciar os outros
 E discutir sobre a importância dos prazeres mundanos.

(14) Os relacionamentos que mantive com os infantis
 Foram inteiramente enganosos,
 Pois eles nada fizeram para satisfazer meus desejos
 E eu nada fiz para satisfazer os deles.

(15) Portanto, devo me afastar para bem longe dos infantis.
 Se mais tarde eu os reencontrar, devo agradá-los
 mostrando-me feliz
 E, sem muita intimidade,
 Agir de modo agradável segundo a convenção.

(16) Assim como uma abelha extrai pólen de uma flor,
 Também eu devo reunir só aquilo que necessito para
 sustentar minha prática
 E então, sem me apegar, voltar a viver em solitude,
 Como se nunca houvesse conhecido alguém.

(17) Se as pessoas pensarem que tenho muitas posses,
Elas irão me respeitar e gostar de mim;
Mas se eu der abrigo a esse tipo de orgulho,
Experienciarei medos terríveis depois de morrer.

(18) Ó mente totalmente confusa,
Os objetos que acumulares
Corresponderão a sofrimentos multiplicados por mil,
Por causa de teu apego por eles.

(19) Assim, porque objetos de apego originam medo,
O sábio não deve tornar-se apegado,
Mas ficar firme na compreensão
De que tais coisas, em razão de sua própria natureza,
    devem ser deixadas para trás.

(20) Mesmo que tenha adquirido muitas posses,
Fama e boa reputação,
Nada disso
Poderá me acompanhar quando eu morrer.

(21) Por que me sinto infeliz quando alguém me critica
E feliz quando sou elogiado?
Ambos, a crítica e o elogio, são apenas palavras ocas,
Como ecos numa caverna vazia.

(22) Os seres vivos possuem tantas diferentes inclinações
Que nem mesmo Buda é capaz de a todos satisfazer;
Então, que chance terá um ser comum e confuso
    como eu?
Assim, devo abdicar do desejo de me ligar aos seres
    mundanos.

(23) Eles desprezam quem não tem fortuna
E desdenham os que a possuem.
Como tais pessoas, de convívio tão difícil,
Veriam em mim algo que não fosse apenas falhas?

8. CONFIAR EM ESTABILIZAÇÃO MENTAL

(24) Sempre que seus desejos não são satisfeitos,
Os infantis se tornam infelizes.
É por isso que os Tathagatas nos aconselharam
A não nos associarmos com eles.

(25) Qual seria o momento de me retirar para a floresta
E viver em meio às árvores,
Com pássaros e cervos que nunca exprimem nada desagradável
Mas são alegres companhias?

(26) Ou morar em cavernas e santuários vazios,
Ou viver ao pé das árvores,
Com uma mente livre dos grilhões do apego,
Que nunca se volta para olhar o passado?

(27) Quando devo morar num lugar que ninguém chama de "meu" –
Um lugar naturalmente aberto e espaçoso,
Onde eu possa agir livremente e fazer o que desejo,
Sem nenhum apego ao corpo ou a posses?

(28) Com poucos pertences, como uma cuia de mendicância
E roupas que ninguém quer,
Estarei livre do perigo de ladrões e assaltantes.
Dessa maneira, vou viver sem me agarrar ao "eu" ou "meu".

(29) Devo me retirar para um sepulcrário
E meditar sobre a impermanência do meu corpo,
Pensando que ele pouco difere de um corpo morto,
Pois ambos estão em decomposição momento a momento.

(30) É possível que, após a morte,
   Meu corpo se putrefaça rapidamente e emita fedor
      tão medonho
   Que nem as raposas dele vão querer se aproximar!
   Devo aceitar com alegria que fatos desse tipo possam
      acontecer.

(31) Se esse corpo, que é uma unidade,
   Vai se partir em muitos pedaços
   De carne e ossos,
   O que dizer de meus relacionamentos?

(32) No nascimento, vim ao mundo sozinho,
   E na morte, terei que partir sozinho.
   Já que não posso compartilhar tais sofrimentos com
      os outros,
   De que servem amigos, que me impedem de praticar
      virtude?

(33) Assim como viajantes não sentem apego
   Pela hospedaria onde ficam apenas uma noite,
   Também não devo desenvolver apego por este corpo,
   A hospedaria de apenas um nascimento.

(34) Antes que este meu corpo
   Seja transportado por quatro carregadores de urna,
   E as pessoas mundanas chorem à sua passagem,
   Vou me retirar à solitude da floresta.

(35) Sem ter contato com amigos ou inimigos,
   Meu corpo permanecerá em completa solitude.
   Se já estiver sendo contado entre os mortos,
   Não haverá ninguém para prantear minha morte.

(36) Então, sem ninguém ao meu redor,
   Chorando ou conspirando,

8. CONFIAR EM ESTABILIZAÇÃO MENTAL

Quem estará presente para me distrair
Da lembrança do santo Buda?

(37) Portanto, vou morar sozinho,
Num lugar quieto e sereno.
Feliz, contentado e sem preocupações,
Vou lutar para apaziguar todas as distrações.

(38) Despido de todos os demais desejos
E motivado unicamente pela bodhichitta,
Vou lutar para atingir concentração unifocalizada
E controlar minha mente, lembrando-me do
  significado da vacuidade.

(39) Desejos deludidos originam infortúnio,
Tanto nesta como nas vidas futuras.
Nesta vida, eles causam dor, encarceramento e morte,
E na próxima, os sofrimentos dos reinos inferiores.

(40) Para obter um parceiro sexual,
As pessoas enviam mensagens por meio de alcoviteiros
E, sem fazer caso da própria reputação,
Cometem toda sorte de não-virtude.

(41) Embora cometamos ações nocivas
E até sacrifiquemos nossa fortuna por tais parceiros,
Qual é a real natureza desses corpos
Que gostamos tanto de abraçar?

(42) Eles não passam de esqueletos,
Que não são autônomos, tampouco inerentemente
  existentes.
Em vez de sermos tão ávidos e apegados a eles,
Por que não lutamos para passar além da dor?

(43) Quando somos muito apegados a alguém,
Queremos ver seu rosto muitas e muitas vezes;
Mas quer o vejamos quer não,
O rosto verdadeiro permanecerá sempre encoberto pela pele.

(44) Se viéssemos a remover essa pele,
Compreenderíamos que aquele alguém não é um objeto de desejo,
Mas um objeto de aversão;
Então, por que desenvolvemos apego pelo corpo dos outros?

(45) Embora protejamos com ciúme nosso amado contra as investidas alheias,
O Senhor da Morte vai arrancá-lo de nós,
E seu corpo será cremado ou enterrado;
Então, de que serve nosso ciúme e apego?

(46) Os corpos alheios pelos quais somos muito apegados
São apenas coleções de carne e ossos.
A qualquer momento, eles podem ser destruídos pelo Senhor da Morte;
Então, por que desenvolver apego por eles?

(47) Quando vemos um cadáver humano, que é uma mera coleção de carne e ossos,
Desenvolvemos medo, embora ele não se mova;
Então, por que não temermos os corpos vivos, que também são coleções de carne e ossos
A se movimentarem de um lado para outro como zumbis?

(48) Já que ambos, os corpos mortos e os vivos,
São meras coleções de carne e ossos,

8. CONFIAR EM ESTABILIZAÇÃO MENTAL

      Por que sinto atração pelos vivos, mas não pelos mortos?
      Pensando assim, vou interromper o apego pelos corpos alheios.

(49) Saliva e urina provêm da mesma fonte –
     A entrada de fluidos no corpo –
     Assim, como explicar que gostamos da saliva de um beijo,
     Mas não sentimos atração pela urina?

(50) Embora o algodão também seja macio ao toque,
     Não encontras prazer sexual num travesseiro.
     Sem dúvida, achas que o corpo não exala odores fétidos –
     Ó mente ávida, estás tão confusa sobre o que é sujeira!

(51) Se às vezes ficamos com raiva de outra pessoa,
     Por que não ficamos com raiva dos travesseiros?
     Pois, embora também sejam macios ao toque,
     Com eles não podemos copular!

(52) Podemos achar que o que desperta nossa atração não pode ser impuro;
     No entanto, queremos copular com os corpos alheios,
     Que não passam de jaulas de ossos, amarradas com músculos
     E rebocadas com o barro da carne!

(53) Já possuímos impurezas o bastante,
     Com as quais constantemente temos que nos conformar;
     Então, por que, obcecados pelo que é sujo,
     Desejamos outros sacos de imundície?

(54) *"É da carne que eu gosto."*
Se isso é o que gostas de ver e tocar,
Por que não queres a carne no seu estado natural –
Quando desprovida de mente?

(55) Nenhuma mente que desejas
Pode ser vista ou tocada,
E tudo o que consegues ver e tocar não pode ser mente;
Logo, por que se envolver num coito inútil?

(56) Talvez não seja tão estranho
Que não compreendas que os corpos alheios são impuros,
Mas é muito estranho
Que não compreendas a impureza de teu próprio corpo.

(57) Se teu interesse principal está em formas atraentes,
Por que não preferes tocar coisas
Tão bonitas quanto flores tenras,
Em vez de desejar os corpos alheios, que são apenas jaulas de sujeira?

(58) Se não queres apalpar um lugar
Coberto de impurezas como vômito,
Por que desejas tocar o corpo
De onde essas impurezas provêm?

(59) Se não és apegado à imundície,
Por que abraças os corpos alheios,
Que provêm de sangue e esperma impuros
Do interior de um útero sujo?

(60) Não sentes desejo, por menor que seja, pelo corpo de um inseto
Que emerge de um monte de estrume;
Então, por que desejas um corpo denso e impuro,
Composto por trinta e seis diferentes substâncias impuras?

8. CONFIAR EM ESTABILIZAÇÃO MENTAL

(61) Além de não desprezares
A impureza de teu próprio corpo,
Por apego à imundície,
Desejas outros sacos de sujeira!

(62) Até ervas medicinais puras
E delicados alimentos, como arroz e vegetais cozidos,
Poluirão o solo onde aterrizarem
Se forem cuspidos depois de terem estado na boca.

(63) Embora a impureza do corpo seja óbvia,
Se continuas a ter dúvidas, vá a um sepulcrário
E reflita sobre a impureza dos cadáveres
Que ali foram abandonados.

(64) Uma vez que tenhas compreendido
Que, quando a pele é removida,
O corpo provoca grande aversão,
Como conseguirás extrair prazer dele novamente?

(65) A fragrância do corpo alheio advém de outras fontes,
Como o sândalo com o qual ele é untado;
Então, por que sentes atração por um corpo
Alegando cheiros que não são o seu?

(66) Já que o corpo em seu estado natural exala mau cheiro,
Não seria preferível não ter apego por ele?
Por que os que anseiam pelas coisas insignificantes deste mundo
Untam o corpo com perfume?

(67) Se o aroma provém de perfumes, tais como o sândalo,
Como ele poderia vir do corpo?
Por que se apegar aos outros
Por causa de um aroma que não é deles?

(68) Quando deixado em seu estado natural, nu,
O corpo é assustador, com unhas e cabelos longos,
Dentes amarelados, a exalar um cheiro nojento
E um fedor invasivo de sujeira.

(69) Esforçar-se tanto para embelezá-lo
É como polir uma espada que será usada para te ferir.
Parece que o mundo todo está tomado por essa loucura,
Pois as pessoas só acreditam na beleza exterior.

(70) Depois de ter contemplado as pilhas de ossos num sepulcrário,
Logo que dirigirmos nossa mente para outras coisas
E virmos as necrópoles urbanas repletas de ossos em movimento,
Que prazer encontraremos nisso?

(71) Ademais, não podemos desfrutar dos corpos alheios
Se não tivermos posses materiais.
Exaurimo-nos em atividades não virtuosas para reuni-las,
Apenas para experienciar sofrimento nesta vida e os reinos inferiores na próxima.

(72) Quando jovens, não temos recursos para sustentar um parceiro;
E mais tarde estamos tão ocupados que não há tempo para nos divertir.
Quando, por fim, tivermos acumulado os recursos que precisamos,
Estaremos velhos demais para saciar nossos desejos!

(73) Alguns, levados pelo desejo, trabalham como escravos.
Extenuam-se em longas jornadas de trabalho
E quando voltam para casa à noite,
Seus corpos exaustos tombam qual cadáveres.

8. CONFIAR EM ESTABILIZAÇÃO MENTAL

(74) Alguns estão submetidos a rompimentos causados
 por viagens
 Ou ao sofrimento de estar longe de casa.
 Embora desejem estar com seus parceiros,
 A cada viagem, ficam sem vê-los por vários anos.

(75) Alguns, confusos sobre como conseguir o que
 desejam,
 Literalmente se vendem ao próximo.
 Mesmo assim, eles não obtêm o que querem,
 Mas são levados de um lado para outro pelas
 necessidades alheias.

(76) Ainda há aqueles que se vendem como escravos
 E trabalham para os outros sem nenhuma liberdade.
 Vivem em lugares remotos e desolados,
 Onde seus filhos nascem tendo apenas árvores
 como abrigo.

(77) Iludidos pelo desejo, há quem perca o juízo.
 Alguns pensam "preciso de dinheiro para viver"
 E, embora temam a morte, partem para a guerra;
 Enquanto outros se escravizam em nome do lucro!

(78) Alguns, em consequência de seus desejos,
 Sofrem cortes no corpo,
 São esfaqueados, empalados
 Ou até queimados.

(79) Devemos entender que a preocupação com riqueza
 leva a infinitos problemas,
 Porque adquirir riqueza, protegê-la e perder tudo
 envolve dor.
 Aqueles que se deixam distrair por apego à riqueza,
 Não terão oportunidade de escapar das desgraças do
 samsara.

(80) Pessoas apegadas à vida mundana
Experienciam vários desses problemas por quase nada.
São como um cavalo forçado a puxar uma carroça,
Que só consegue abocanhar um punhado de capim ocasionalmente.

(81) Os que se deixam levar por desejos descontrolados
Desperdiçam esta preciosa liberdade e dote tão difíceis de encontrar,
Em nome de recompensas mesquinhas que nada têm de raras,
Pois até animais podem consegui-las.

(82) Nossos objetos de desejo vão, com toda certeza perecer
E, então, cairemos nos reinos inferiores.
Considerando todas as provações que enfrentamos desde tempos sem início,
Na busca de prazeres mundanos,

(83) Já teríamos atingido o estado de um Buda
Por um décimo da dificuldade!
Seres mundanos sofrem muito mais do que alguém que segue o caminho à iluminação
E, ainda assim, não se iluminam como resultado!

(84) Se considerarmos os sofrimentos do inferno e assim por diante,
Veremos que as aflições aturadas pelas pessoas mundanas nesta vida –
Como as causadas por armas, venenos, inimigos ou lugares perigosos –
Não se comparam em termos de gravidade.

8. CONFIAR EM ESTABILIZAÇÃO MENTAL

(85) Assim, depois de nos desiludir com os desejos mundanos,
Devemos gerar a aspiração de permanecer em solitude.
Os afortunados passeiam em lugares quietos e serenos,
Distantes de qualquer conflito e dos objetos de delusão.

(86) Refrescados pelo perfume de flores nas noites de luar
E ao sopro de brisas calmas e silenciosas,
Eles vivem com alegria e sem distração,
Focalizados em beneficiar os outros.

(87) Moram pelo tempo que quiserem
Em casas vazias, sob árvores ou em cavernas remotas.
Tendo abandonado a dor de aferrar-se às posses e ter que protegê-las,
Eles vivem independentes e despreocupados.

(88) Vivem livremente sem apego
E não se prendem a relacionamentos.
Até os mais poderosos humanos e deuses
Não encontrariam vida tão feliz e contente!

(89) Assim, tendo contemplado
As boas qualidades da solitude,
Devo apaziguar completamente todas as concepções perturbadoras
E meditar sobre a bodhichitta.

(90) Primeiro, devo me dedicar à meditação
De equalizar eu com outros.
Porque somos todos iguais no desejo de ter felicidade e evitar sofrimento,
Devo apreciar todos os seres como aprecio a mim mesmo.

(91) Embora o corpo tenha muitas diferentes partes,
como os braços e as pernas,
Protegemos todas elas tanto quanto protegemos
o corpo, ele próprio.
De modo similar, embora existam muitos diferentes
seres vivos,
Devo apreciar todos eles tanto quanto aprecio a
mim mesmo.

(92) O sofrimento que experiencio
Não prejudica os outros,
Mas acho difícil suportá-lo,
Porque aprecio a mim mesmo.

(93) Igualmente, o sofrimento dos outros
Não me prejudica,
Mas acharei difícil suportá-lo,
Caso eu aprecie os outros.

(94) Portanto, devo afastar o sofrimento dos outros
Simplesmente por ser sofrimento, como o meu;
E devo dar felicidade aos outros
Simplesmente porque são seres vivos, como eu.

(95) Se eu e os outros
Somos iguais no desejo de sermos felizes,
O que tenho de tão especial
Para que trabalhe só pela minha felicidade?

(96) E se eu e os outros
Somos iguais no desejo de evitarmos sofrimento,
O que tenho de tão especial
Para que me proteja, mas não aos outros?

(97) Mas por que deveria proteger os outros
Se seus sofrimentos não me prejudicam?

8. CONFIAR EM ESTABILIZAÇÃO MENTAL

Se apreciarmos só os outros, acharemos seus sofrimentos insuportáveis;
Logo, evidentemente precisamos protegê-los.

(98) Pensar que serei eu que vou experienciar o sofrimento futuro
Não é uma concepção errônea,
Porque não será uma outra pessoa que vai morrer
E, no entanto, uma outra vai renascer.

(99) *"Seguramente, sempre que houver sofrimento,*
É quem o experiencia que deve afastá-lo."
Então, já que o sofrimento do pé não é o da mão,
Por que a mão deveria aliviá-lo?

(100) Aliviamos o sofrimento do pé com a mão
Por se tratar de um método específico para minorar essa dor.
Também é incorreto agarrar-se ao self e aos outros como independentes –
Tal agarramento deveria ser completamente abandonado.

(101) Coisas que denominamos "continuums" ou "coleções",
Como rosários ou exércitos, são falsamente existentes.
Assim, não há um possuidor de sofrimento independente,
Pois quem estaria ali para controlar isso?

(102) Já que não há possuidor de sofrimento independente,
Não há diferença real entre meu próprio sofrimento e o dos outros.
Assim, devemos afastar qualquer sofrimento simplesmente por ser algo doloroso –
Por que se aferrar a distinções falsas com tanta certeza?

(103) *"Não é preciso afastar o sofrimento alheio!"*
Isso não é um argumento válido.
Se meu sofrimento deve ser afastado, o dos outros também;
E se o sofrimento dos outros não deve ser afastado, o meu também não.

(104) *"Mas tal compaixão me trará sofrimento,
Assim, por que devo empenhar-me para desenvolvê-la?"*
Como poderia a compaixão trazer sofrimento?
Ela é a verdadeira natureza de uma mente serena!

(105) Se experienciar um sofrimento relativamente pequeno
Servir para eliminar o sofrimento infinito dos seres vivos,
Um bondoso Bodhisattva suportará essa dor com alegria
E se deleitará em trabalhar para os outros.

(106) Assim, embora o Bodhisattva Supushpachandra soubesse
Que sofreria nas mãos do rei,
Ele não tentou evitar sua própria morte,
Mas, ao invés disso, livrou muitos seres do sofrimento.

(107) Por extrair grande alegria de aliviar o sofrimento alheio,
Alguém cuja mente está habituada a equalizar eu com outros,
Ingressaria alegremente, por amor a eles, no mais profundo inferno,
Como um ganso selvagem mergulhando numa refrescante lagoa de lótus.

(108) O oceano de alegria que surgirá
Quando todos os seres vivos forem libertados

8. CONFIAR EM ESTABILIZAÇÃO MENTAL

É tudo o que almejo –
Então, que sentido faria almejar minha libertação solitária?

(109) Mas embora trabalhe para o benefício dos outros,
Devo fazê-lo sem orgulho ou pretensão;
Movido unicamente pela alegria de beneficiá-los,
Não devo esperar nenhuma recompensa.

(110) E assim como me protejo
Contra qualquer dissabor por menor que seja,
Devo tratar os outros
Com uma mente compassiva e solícita.

(111) Embora não haja um eu,
Pela força da familiaridade,
Aferro-me a um eu dentro de um corpo
Surgido das gotas de esperma e sangue alheios.

(112) Do mesmo modo, por que não posso
Identificar o "eu" nos corpos dos outros?
Igualmente, não deveria achar difícil
Identificar o "outro" no meu próprio corpo.

(113) Vendo as falhas de apreciar a mim mesmo
E as inúmeras boas qualidades de apreciar os outros,
Devo abandonar totalmente o autoapreço
E me familiarizar com o apreciar os outros.

(114) Assim como considero as mãos e assim por diante
Como membros do meu corpo,
Devo considerar todos os seres vivos
Como membros de um todo vivo.

(115) Pela força da familiaridade, gero uma mente
Que se agarra ao eu em relação a este corpo não-
auto-existente;
Então, por que, pela força da familiaridade de
apreciar os outros,
Não desenvolveria uma mente que se agarra ao eu
em relação aos corpos dos outros?

(116) Embora eu trabalhe para os outros dessa maneira,
Não devo desenvolver orgulho ou pretensão;
E tal como faço ao me alimentar,
Não devo esperar nenhuma recompensa.

(117) Portanto, assim como me protejo
Contra qualquer dissabor, por menor que seja,
Devo familiarizar-me
Com uma mente compassiva e solícita em relação
ao próximo.

(118) Por sentir grande compaixão,
Arya Avalokiteshvara abençoou até seu próprio nome,
Para aliviar os seres vivos do perigo do autoapreço;
Então, devo recitar seu mantra nominal para receber
suas bênçãos.

(119) Não desistas de aprender a apreciar os outros porque
isso é difícil.
Por exemplo, o amado de uma pessoa antes pode ter
sido seu inimigo, cujo simples nome evocava medo;
Mas agora, por meio de familiaridade, ela o aprecia
E sente-se infeliz quando ele não está por perto.

(120) Assim, quem quiser proteger rapidamente
Tanto a si como aos outros
Deve praticar esse sagrado segredo
De trocar eu com outros.

8. CONFIAR EM ESTABILIZAÇÃO MENTAL

(121) Porque sentimos apego por nosso corpo,
Até um leve objeto de medo nos assusta
   enormemente;
Assim, quem não insultaria como um inimigo
O apreço pelo corpo, fonte daquele medo.

(122) Levados pelo desejo de encontrar remédios
Para a fome, sede e doenças do corpo,
Matamos pássaros, peixes e outros animais
E lançamos mão até de atacar pessoas!

(123) Às vezes, por dinheiro e outros bens,
Podemos até matar nosso pai e nossa mãe
Ou roubar os pertences de uma comunidade
   espiritual
E, como consequência, queimaremos no fogo do
   inferno.

(124) Que pessoa com sabedoria apreciaria a si própria
Ou se agarraria a esse corpo?
Devemos ver a mente de autoapreço como um
   inimigo
E tratá-la com o devido desprezo.

(125) "Se der isso aos outros, o que terei para meu desfrute?"
Esse autoapreço é a mente de um espírito faminto.
"Se desfrutar disso, o que terei para dar aos outros?"
Esse apreço pelo próximo é a mente dos iluminados.

(126) Se prejudicarmos os outros em nome da nossa
   felicidade,
Sofreremos os tormentos dos reinos inferiores;
Mas se formos prejudicados em nome da felicidade
   dos outros,
Experienciaremos a felicidade de renascimentos
   elevados.

(127) Se nos tivermos em alta estima, nasceremos nos três reinos inferiores
E mais tarde, como ser humano, teremos status inferior e mente simplória;
Mas se transferirmos tal estima para os outros, nasceremos nos reinos afortunados,
Vamos inspirar respeito, desfrutar boa companhia e lugares agradáveis.

(128) Se usarmos os outros para nossos interesses mesquinhos,
Seremos, nós mesmos, submetidos à servidão;
Mas se usarmos nossa pessoa para beneficiar os outros,
Desfrutaremos status elevado e boa aparência.

(129) Toda a felicidade que há neste mundo
Surge do desejo de que os outros sejam felizes,
E todo o sofrimento que há neste mundo
Surge do desejo de que nós mesmos sejamos felizes.

(130) Mas para que nos alongarmos tanto?
Os infantis trabalham unicamente para si,
Ao passo que os Budas trabalham unicamente para os outros –
Basta olhar a diferença entre eles!

(131) Se não trocarmos nossa felicidade
Pelo sofrimento dos outros,
Não vamos atingir o estado de um Buda
E nem mesmo no samsara teremos felicidade.

(132) Nem importa o que vai acontecer nas vidas futuras;
Com empregados que não trabalham direito
Ou patrões que não pagam os empregados de acordo,
Até os desejos desta vida permanecerão insatisfeitos.

8. CONFIAR EM ESTABILIZAÇÃO MENTAL

(133) Por não apreciar os outros, perdemos as excelentes
qualidades da vida humana,
Que nos permitem atingir felicidade tanto agora
como no futuro;
E se infligirmos mal aos outros,
Por ignorância, traremos para nós mesmos um
sofrimento insuportável.

(134) Se os tormentos deste mundo –
Todo o medo mental e dor física –
Surgem de apreciar a si mesmo,
De que nos serve esse espírito horripilante?

(135) Sem destruir o fogo,
Não conseguimos parar de ser queimados;
Igualmente, sem destruir o autoapreço,
Não conseguimos parar de experienciar sofrimento.

(136) Portanto, para eliminar minha dor
E apaziguar o sofrimento do próximo,
Vou me entregar totalmente aos outros
E considerá-los tão preciosos quanto hoje considero
a mim mesmo.

(137) Dediquei-me por completo à felicidade dos outros.
Doravante, ó mente, entende isso com clareza
E não penses em nada
Que não seja beneficiar todos os seres vivos.

(138) Porque agora meus olhos e assim por diante estão à
disposição do próximo,
Não devo usá-los para meus propósitos;
Nem de outras maneiras
Que contrariem o bem-estar dos outros.

(139) Preocupando-me principalmente com o próximo,
Vou tomar todas as coisas que
Considero como minhas
E usá-las para beneficiar os outros.

(140) Colocando-me no lugar daqueles que são inferiores, iguais ou superiores a mim
E, então, considerando meu antigo self como "outro",
Com a mente livre da concepção mutiladora da dúvida,
Devo meditar sobre inveja, competitividade e orgulho.

(141) "Ele é honrado, eu não.
Não tenho a riqueza que ele possui.
Ele é louvado, eu sou desprezado.
Ele é feliz, eu sofro."

(142) "Tenho um pesado trabalho a realizar,
Enquanto ele descansa confortavelmente.
Sua reputação espalhou-se pelo mundo,
Mas de mim só se conhece a falta de boas qualidades."

(143) "Mas o que queres dizer por 'não tenho boas qualidades'?
Tenho inúmeras dessas qualidades.
Em comparação a muitos, ele é inferior,
Ao passo que existem muitos em relação a quem eu sou superior."

(144) "Minha ética, visões e assim por diante se degeneram
Pela força das minhas delusões, não por minha vontade.
Tu, Bodhisattva, deves nos ajudar a regenerá-las de todas as maneiras que puderes
E, de bom grado, aturar qualquer provação encontrada ao fazê-lo."

(145) "Mas ele não faz nada para nos ajudar,
Então, por que nos faz sentir tão insignificantes?

8. CONFIAR EM ESTABILIZAÇÃO MENTAL

De que nos serve essas suas pretensas boas qualidades?
Ele nunca as emprega em nosso benefício!"

(146) "Não apenas ele não tem compaixão
Pelos seres como nós, que vivemos na boca dos
  reinos inferiores,
Como exteriormente demonstra orgulho de suas
  próprias boas qualidades
E prefere competir com os sábios."

(147) "Esse Bodhisattva é considerado como meu igual,
Mas para que eu possa suplantá-lo
Vou adquirir fortuna e reputação
E derrotá-lo no debate."

(148) "Ao mundo, proclamarei minhas boas qualidades
Por todos os meios ao meu alcance,
Contudo, tomarei precauções para que ninguém ouça
Qualquer das boas qualidades que ele possa ter."

(149) "Vou esconder meus defeitos, mas expor os dele.
Serei venerado pelos outros, mas impedirei que ele
  o seja.
Vou adquirir grande quantidade de bens
E encorajar os outros a me honrar, mas não a ele."

(150) "Sem pressa, vou me deliciar
Vendo-o ser humilhado.
Farei com que seja o alvo do riso de todos
E um objeto ridículo e condenável."

(151) "Dizem que esse ser deludido
Concorre para ser meu igual,
Mas como ele pode se comparar a mim em erudição
  ou sabedoria,
Ou em aparência, status ou riqueza?"

(152) "Quando ouvirem minhas boas qualidades
Sendo proclamadas para o mundo,
Que as pessoas experienciem deleite tão grande
Que seus poros formiguem de excitamento."

(153) "E no que se refere às suas posses,
Visto que ele tem a obrigação de trabalhar para nós,
Vamos dar-lhe o estritamente necessário
E forçá-lo a nos dar todo o restante."

(154) "Assim, que sua felicidade diminua,
Enquanto continuamos a sobrecarregá-lo com nossos problemas."
Incontáveis vezes nos renascimentos samsáricos,
Essa atitude de autoapreço me causou mal.

(155) Ó mente, visto que desejas teu próprio benefício,
Todo o árduo trabalho que realizaste
Por incontáveis éons no samsara
Resultou somente em sofrimento.

(156) Portanto, com toda certeza vou me empenhar
No trabalho para beneficiar os outros;
E porque os ensinamentos de Buda são não-enganosos,
Vou colher excelentes resultados no futuro.

(157) Se no passado tivesse praticado
O trocar eu com outros,
Agora não estaria nesta situação –
Desprovido da excelente felicidade e do êxtase da Budeidade.

(158) Assim como estou habituado a desenvolver o pensamento "eu", "eu",
Quando percebo meu corpo, um corpo que surgiu do esperma e do sangue alheios,

8. CONFIAR EM ESTABILIZAÇÃO MENTAL

Também vou me habituar a desenvolver o
  pensamento "eu", "eu",
Quando perceber os corpos dos outros.

(159) Observando-me minuciosamente
Para ter certeza de que estou trabalhando para
  os outros,
Vou tomar tudo o que possuo
E usar em benefício do próximo.

(160) Estou feliz, mas os outros estão tristes;
Tenho uma posição elevada, mas os outros estão
  por baixo.
Beneficio a mim, mas não aos outros –
Por que não sinto inveja de mim mesmo?

(161) Preciso dar minha felicidade aos outros
E tomar seus sofrimentos para mim.
Devo constantemente examinar minhas atitudes à
  procura de falhas,
Perguntando-me: "Por que me comporto dessa
  maneira?".

(162) Se os outros fizerem algo errado,
Transformarei tal erro numa falha minha;
Mas se eu causar, ainda que um minúsculo prejuízo
  aos outros,
Vou declarar isso abertamente na presença de muitas
  pessoas.

(163) Devo espalhar a fama dos outros ainda mais longe,
De modo que ela suplante por completo a minha
  própria;
E considerando-me como o mais humilde dos servos,
Vou me colocar a serviço de todos.

(164) Repleto de defeitos, não devo me elogiar
Apenas por conta de alguma boa qualidade superficial.
Não deixarei que sequer algumas poucas pessoas conheçam
Qualquer boa qualidade que eventualmente eu possua.

(165) Em resumo, que o mal que causei aos outros
Em benefício próprio
Retorne e amadureça em mim
Para o benefício dos outros.

(166) Não devo ser dominador
Nem agir de maneiras farisaicas.
Em vez disso, devo ser como uma recém-casada,
Acanhada, tímida e recatada.

(167) Desse modo, mente egoísta, tu deves evitar não-virtude.
Se não observares tal disciplina,
Colocar-te-ei sob meu jugo,
Por meio dos poderes de contínua-lembrança e vigilância.

(168) Contudo, se optares por não agir
Da maneira que foste aconselhada,
Já que és a fonte da minha desgraça,
Vou destruir-te por completo.

(169) A época em que podias me governar
Ao passado pertence.
Agora que te vejo como a fonte de todos os meus problemas,
Vou erradicá-la onde quer que apareças.

(170) Agora vou imediatamente pôr de lado
Todos os pensamentos de trabalhar em benefício próprio.

8. CONFIAR EM ESTABILIZAÇÃO MENTAL

Ó mente egoísta, aos outros te vendi;
Logo, para de queixar-te e continua a ajudá-los!

(171) Se, levado por anticonsciencosidade,
Eu não houvesse te dado aos outros,
Tu, com absoluta certeza, me entregarias
Aos guardiões do inferno!

(172) Já fizeste isso comigo muitas vezes no passado
E, como resultado, sofri por muito tempo;
Mas agora que reavivei todo o meu rancor por ti,
Estou determinado a te destruir, ó mente egoísta.

(173) Assim, se quero felicidade,
Não devo me alegrar com a mente de autoapreço;
E se quero proteção,
Devo sempre proteger os outros.

(174) Por mais que procure
A satisfação dos desejos do corpo,
Experienciarei na mesma medida
Um estado de insatisfação.

(175) Os desejos da mente de autoapreço
Não podem ser satisfeitos
Nem por toda a riqueza do mundo –
Logo, como esperamos satisfazer todos os seus desejos?

(176) Quando nossos desejos não são atendidos,
Desenvolvemos delusões e uma mente insatisfeita;
Mas quem se libertar desses interesses distrativos
Nunca conhecerá insatisfação.

(177) Portanto, nunca permitirei
Que os desejos do corpo aumentem.
Uma pessoa que não tem apego por objetos atraentes
Encontrará o contentamento – a melhor de todas
   as posses.

(178) Meu corpo é uma forma assustadora e impura,
Incapaz de se mover sem o auxílio da mente
E condenado a se desintegrar por completo;
Então, por que me agarro a ele como sendo "eu"?

(179) Quer ele viva quer ele morra,
De que serve agarrar-me tanto a essa máquina?
Não é muito diferente do que me agarrar a um saco de terra;
Então, por que não abro mão do orgulho de agarrar-me ao "meu corpo"?

(180) Como resultado de atender aos desejos do corpo,
Sofri muito, sem nenhum sentido.
De que serve gerar raiva ou apego
Em nome de algo que é como um pedaço de pau?

(181) Quer cuide dele da maneira que faço
Quer o deixe ser ferido pelos outros,
O corpo, ele próprio, não desenvolve nem apego nem raiva;
Então, por que me sinto tão apegado a ele?

(182) Já que o corpo, ele próprio, não conhece
Raiva quando insultado
Nem apego quando elogiado,
Por que enfrento tantos transtornos em seu nome?

(183) *"Mas quero cuidar desse corpo*
Porque ele é muito benéfico para mim."
Então, por que não apreciar todos os seres vivos,
Uma vez que eles são muito benéficos para nós?

(184) Portanto, sem nenhum apego,
Vou abrir mão do meu corpo para o benefício de todos;
Todavia, apesar do corpo ter muitos defeitos,
Cuidarei dele enquanto trabalho para os outros.

8. CONFIAR EM ESTABILIZAÇÃO MENTAL

(185) Vou pôr um fim a todas as criancices
E seguir os passos dos sábios Bodhisattvas.
Lembrando-me das instruções sobre conscienciosidade,
Vou me afastar do sono, da obtusidade mental e de outros estados afins.

(186) Como os compassivos Filhos e Filhas do Conquistador Buda,
Vou dedicar-me com paciência a tudo o que deve ser feito.
Se não aplicar esforço constante ao longo do dia e da noite,
Quando minha desgraça chegará ao fim?

(187) Portanto, para dissipar ambas as obstruções,
Vou afastar minha mente de todas as concepções distrativas
E posicioná-la em constante equilíbrio meditativo,
No perfeito objeto de meditação, a visão correta da vacuidade.

Assim termina o oitavo capítulo do *Guia do Estilo de Vida do Bodhisattva,* intitulado *"Confiar em Estabilização Mental".*

A Perfeição de Sabedoria

Buda ensinou todas as práticas do método aqui
  anteriormente explicadas
Para nos capacitar a completar o treino na sabedoria
  que realiza a vacuidade.
Portanto, aqueles que desejam libertar a si mesmos e
  aos outros do sofrimento
Devem lutar para desenvolver essa sabedoria.

Capítulo 9

A Perfeição de Sabedoria

(1) Buda ensinou todas as práticas do método aqui anteriormente explicadas
Para nos capacitar a completar o treino na sabedoria que realiza a vacuidade.
Portanto, aqueles que desejam libertar a si mesmos e aos outros do sofrimento
Devem lutar para desenvolver essa sabedoria.

(2) As duas verdades são explicadas como sendo verdades convencionais e últimas.
A verdade última, a vacuidade, é um fenômeno negativo não-afirmativo,
Que não pode ser realizado diretamente por mentes que tenham aparência dual,
Pois tais mentes são convencionais e, por conseguinte, percepções equivocadas.

(3) Entre os que asseveram as duas verdades, pode-se distinguir dois tipos de pessoa:
Iogues Madhyamika-Prasangikas e proponentes de coisas.
As visões defendidas pelos proponentes de coisas, os quais asseveram que as coisas são verdadeiramente existentes,
São refutadas pelos raciocínios lógicos dos iogues Prasangikas.

(4) Ademais, entre os Iogues Prasangika, há diferentes
níveis de *insight* –
Sendo que aqueles de entendimento maior
ultrapassam os de entendimento menor.
Todos eles estabelecem sua visão por meio de razões
analíticas válidas.
Generosidade e assim por diante são praticadas sem
investigação em prol da conquista da Budeidade
resultante.

(5) Quando vós, proponentes de coisas, veem as coisas,
Não reconheceis seu caráter ilusório,
Mas asseverais que elas são inerentemente existentes.
É nisso que nós, Madhyamika-Prasangikas,
discordamos de vós.

(6) As formas que vemos diretamente são só meras
aparências à mente.
Elas existem falsamente, porque a maneira como
aparecem
Não corresponde à maneira como existem,
Assim como um corpo humano, é convencionalmente
aceito como limpo, quando, na realidade, é impuro.

(7) Buda ensinou a impermanência das coisas
Para gradualmente levar as pessoas à realização da
vacuidade –
A ausência de existência inerente das coisas.
*"Então, é incorreto dizer que as coisas existem
mesmo que convencionalmente."*

(8) Não, não está errado, porque as coisas existem via
conhecedores válidos convencionais.
Do ponto de vista das pessoas mundanas, ver coisas é
ver a realidade;

9. A PERFEIÇÃO DE SABEDORIA

No entanto, as pessoas mundanas nunca veem de
fato a realidade,
Porque a real natureza das coisas é sua vacuidade.

(9) Assim como recebeis méritos que considerais
verdadeiramente existentes, ao fazer oferendas a um
Buda que considerais verdadeiramente existente,
Também nós recebemos méritos que são como
ilusões, ao fazer oferendas a um Buda que é como
uma ilusão.
*"Se, como dizeis, os seres vivos carecessem de
existência verdadeira e fossem como ilusões,
Como poderiam eles renascer depois de terem morrido?"*

(10) Contanto que todas as condições necessárias estejam
reunidas,
Até uma ilusão virá à existência.
Seriam os seres vivos mais verdadeiros
Apenas pelo fato de terem uma duração maior?

(11) Matar uma ilusão não acarreta o carma efetivo
de matar,
Porque as ilusões não têm mente;
Mas beneficiar ou prejudicar uma pessoa-ilusão,
que tem uma mente-ilusão,
Dá origem, respectivamente, a mérito ou
negatividade.

(12) Já que os mantras e os demais elementos causadores
de uma ilusão não podem produzir mente,
Ilusões não desenvolvem mentes.
Diferentes tipos de causa
Originam diferentes tipos de ilusão.

(13) Não existe uma causa única capaz de originar sozinha
Vários diferentes resultados.
"*Se, como dizeis, o nirvana não é verdadeiramente
existente,*
Mas o samsara existe convencionalmente,

(14) *Então, Buda tem que estar no samsara, já que o
nirvana não existe;*
*Assim, qual o sentido de se praticar o estilo de vida
do Bodhisattva?*"
Mesmo uma ilusão não cessa se o continuum de suas
causas não for interrompido,
Contudo, uma vez que o continuum das causas do
samsara, as delusões, seja cortado,

(15) O samsara não ocorrerá, nem mesmo
convencionalmente.
Por terem feito isso, os Budas atingiram o nirvana.
"*As formas-ilusões asseveradas por vós não existem,*
*Porque, segundo asseverais, as percepções-ilusões
carecem de existência verdadeira.*"

(16) Já que para vós, Chittamatrins, tais formas-ilusões
não existem,
De que modo a forma existe?
"*Embora as formas não existam como objetos
externos, elas existem de outro modo –*
*Uma forma é um aspecto, a natureza, da mente para
a qual ela aparece.*"

(17) Vós, Chittamatrins, asseverais que a mente ela
própria aparece sob o aspecto de forma.
Se assim for, de que modo a mente surge?
Buda, o Protetor do Mundo, disse
Que a mente não pode contemplar a si própria.

(18) Por exemplo, assim como a lâmina de uma espada
não pode cortar a si própria,
Também a mente não pode contemplar a si própria.
*"Pelo contrário. Assim como uma lamparina pode
iluminar a si própria e aos demais objetos externos,
Também a mente pode contemplar a si própria e aos
outros fenômenos."*

(19) Se uma lamparina ilumina a si própria, então a
escuridão se escurece,
E segue-se que ninguém pode ver a escuridão, pois
ela é escura!
*"Quando um cristal claro se torna azul, isso ocorre
na dependência de algo outro que o cristal;
Mas o lápis-lazúli é por natureza azul – ele não
depende de nada além dele para aparecer azul.*

(20) *Do mesmo modo, algumas percepções estão
relacionadas com objetos outros que elas próprias,
Ao passo que outras, tais como os autoconhecedores,
não estão."*
O azul do lápis-lazúli não existe sem depender
de algo –
Ele não cria sua própria natureza!

(21) *"Embora a lamparina não ilumine a si própria, ela é
a natureza da iluminação."*
Então, deveríeis dizer que a mente não conhece a si
própria,
Mas que ela é a natureza da iluminação consciente.
No entanto, não poderíeis dizer que ela é conhecida
por uma mente que é substancialmente diferente
que ela própria.

(22) De acordo convosco, se não há uma percepção
verdadeiramente existente que conheça a mente,
Então a mente não existe,
Caso em que discutir se a mente ilumina ou não a si
própria faria tanto sentido
Quanto discutir as feições da filha de uma pessoa estéril.

(23) *"Se autoconhecedores não existissem,
De que modo nos lembraríamos das consciências
subjetivas?"*
Quando nos lembramos do objeto experienciado,
lembramo-nos da consciência relacionada a ele,
Assim como nos recordaríamos de que fomos
envenenados pela mordida de um animal ao
experienciar a dor que mais tarde ocorreria.

(24) *"Se aqueles que atingiram estados como os do
tranquilo-permanecer conseguem ver as mentes
alheias à grande distância,
Seguramente alguém pode ver sua própria mente, tão
próxima de si."*
Pessoas que aplicam uma loção mágica nos olhos podem
ver tesouros enterrados nas profundezas da terra,
Mas não podem ver a loção!

(25) Não temos a intenção de refutar a existência
Das percepções visual, auditiva ou de qualquer outra
percepção.
O que precisa ser abandonado é a percepção que se
agarra à existência verdadeira das formas e assim
por diante,
Causa fundamental de todo o sofrimento.

(26) *"Formas-ilusões não são outras que a mente,
Mas tampouco podem ser consideradas como sendo
unas com a mente."*

9. A PERFEIÇÃO DE SABEDORIA

Se elas fossem verdadeiras, por que dizer que não são outras que a mente?
E se não forem outras que a mente, por que dizer que são verdadeiras?

(27) Assim como as formas-ilusões carecem de existência verdadeira,
O mesmo acontece com a mente que as contempla.
*"O samsara, como todos os objetos imputados,
precisa ter algo substancial como sua base;
Do contrário, ele seria completamente vazio, tal como o espaço."*

(28) Se fenômenos imputados, como o samsara, tivessem bases verdadeiramente existentes,
Como poderíeis tornar-vos prisioneiro do samsara e como poderíeis escapar dele?
De acordo convosco, a mente não pode ser um apreendedor em relação a algo que ela apreende;
Antes, ela tem que ser uma cognição isolada de si própria.

(29) Se a mente existisse de modo inerente ou independente,
Então, ela já estaria livre de falhas,
E seguir-se-ia que todos os seres vivos já seriam iluminados!
Então, de que serviria ensinar que tudo é apenas a natureza da mente?

(30) *"Em que medida a realização de que todos os fenômenos são como ilusões
Elimina as delusões?
Afinal, um mágico que cria uma mulher ilusória,
Ainda assim, pode desenvolver apego por essa fantasia."*

(31) Isso acontece porque o mágico não abandonou
A tendência deludida de se agarrar à existência verdadeira.
Assim, quando ele contempla a mulher ilusória,
Sua tendência de perceber a vacuidade dela é muito fraca.

(32) Desenvolvendo familiaridade com a visão da vacuidade,
Abandonaremos finalmente o agarramento à existência verdadeira;
E meditando especialmente sobre a vacuidade da vacuidade,
Chegaremos a abandonar o agarramento à própria vacuidade como verdadeiramente existente.

(33) Quando se diz que "nenhuma coisa existe",
Isso significa que coisas verdadeiramente existentes não existem;
Então, como uma mente que se agarra à existência verdadeira da vacuidade poderia permanecer,
Quando a base para tal julgamento errado – agarrar-se à existência verdadeira – foi removida?

(34) Por fim, quando a existência verdadeira das coisas e a existência verdadeira da vacuidade
Não mais aparecerem à mente,
Já que não existirá nenhum outro aspecto de existência verdadeira,
A mente permanecerá no sereno estado resultante, em que toda conceptibilidade cessou.

(35) Assim como as joias-que-satisfazem-os-desejos e as árvores-que-concedem-desejos satisfazem todas as esperanças de humanos e deuses,
Embora não tenham mente conceitual,

9. A PERFEIÇÃO DE SABEDORIA

Também, pela força das preces que fizeram
anteriormente, bem como pelo mérito acumulado
pelos seres afortunados,
Os Budas manifestam formas físicas neste mundo.

(36) Por exemplo, embora o Brâmane que consagrou
A substância do relicário conhecido como "Garuda"
Tenha, desde há muito, falecido,
O relicário continua a atenuar venenos e assim
por diante.

(37) De modo similar, enquanto treina no caminho, um
Bodhisattva
Cria o "relicário" de um Buda, por meio de suas
coleções de mérito e sabedoria;
E mesmo quando, por fim, passar para além da dor,
Ele continuará a conceder benefícios temporários e
últimos aos seres vivos.

(38) *"Mas se Buda não tem mente conceitual,*
Como prestar-lhe oferendas poderia trazer resultados
meritórios?"
Está dito nas escrituras que os resultados serão os
mesmos,
Quer o Buda a quem fazemos oferendas esteja vivo
quer tenha falecido.

(39) Ademais, as escrituras dizem que os resultados que
obtemos dependem do nosso grau de fé,
Quer pensemos que Buda existe convencionalmente
quer pensemos que existe de modo último ao fazer
as oferendas.
Assim como obtendes méritos ao fazer oferendas
a um Buda que considerais verdadeiramente
existente,
Também nós obtemos méritos ao fazer oferendas a
um Buda que é como uma ilusão.

(40) *"Uma vez que podemos atingir a libertação obtendo uma realização direta das Quatro Nobres Verdades, De que serve lutar para realizar a vacuidade, a ausência de existência verdadeira?"*
Isso é necessário, porque as escrituras explicam que, sem o caminho da sabedoria que realiza essa vacuidade,
É impossível atingir até mesmo a pequena iluminação da autolibertação.

(41-44) *"Como não acreditamos no Mahayana, vossas citações das escrituras Mahayana são inúteis."*
Nós dois acreditamos que as escrituras Hinayana são válidas;
Então, deveis aplicar vossas razões de acreditar no Hinayana igualmente ao Mahayana.
Assim, compreenderemos que ambas as escrituras são o sagrado Dharma ensinado por Buda em pessoa.

Porque não entendem sua profundidade,
As escolas Vaibhashika negam o Mahayana;
E porque não acreditam no nirvana,
Algumas escolas não budistas negam o Hinayana.

O objetivo de Buda ao ensinar tanto o Mahayana como o Hinayana
Era conduzir os seres vivos à libertação permanente do ciclo de sofrimento.
Focalizados nessa meta última, os praticantes do Mahayana e do Hinayana
Enfatizam os três treinos superiores de disciplina moral, concentração e sabedoria.

(45) Buda deu seus ensinamentos como um remédio para curar a doença das delusões, a causa de todo o sofrimento.
Alguns de seus ensinamentos são simples e outros, muito profundos.

9. A PERFEIÇÃO DE SABEDORIA

Porque não compreendeis seus ensinamentos mais
elevados e profundos,
Não deveis simplesmente concluir que eles não
foram ensinados por Buda.

(46) O grande mestre Kashyapa reuniu muitos dos
ensinamentos de Buda,
Principalmente seus ensinamentos Mahayana, os
Sutras Perfeição de Sabedoria.
No entanto, as escolas Vaibhashika não entendem
o profundo significado dos *Sutras Perfeição de
Sabedoria*
E, por isso, concluem que tais Sutras não são
ensinamentos de Buda.

(47) Os principais detentores do Budadharma eram tidos como
sendo aqueles que atingiram o nirvana, os Arhats;
Mas os Arhats asseverados por vós, proponentes de
coisas,
Não podem ser verdadeiros Arhats, porque, de
acordo com vossa visão,
Suas mentes ainda se agarram a coisas
verdadeiramente existentes.

(48) *"Eles atingiram o nirvana, ou libertação, e se tornaram
Arhats porque abandonaram suas delusões."*
Pareceis pensar que só por abandonar as delusões
manifestas alguém se torna imediatamente um
Arhat;
Mas é claro que, embora uma pessoa tenha
abandonado temporariamente as delusões
manifestas,
Ela ainda carrega os potenciais cármicos para
renascer no samsara.

(49) *"O abandono que os Arhats conquistaram não é temporário.*
Eles, com toda certeza, não nascem de novo no samsara, uma vez que abandonaram completamente o anseio, a causa principal de tal renascimento."
Mas assim como dizeis que eles possuem confusão não-deludida,
Por que não dizer também que possuem anseio não-deludido?

(50) Esses pretensos Arhats têm sensações agradáveis,
Que eles apreendem como sendo verdadeiramente existentes.
Por causa da sensação, o anseio se desenvolve –
Logo, eles estão necessariamente submetidos ao anseio.

(51) Embora alguém que não realizou a vacuidade – a ausência de existência verdadeira das coisas –
Possa abandonar temporariamente as delusões manifestas, estas acabam por se manifestar de novo,
Exatamente como as sensações e discriminações reaparecem quando a concentração na absorção-sem-discriminação acaba.
Portanto, tendes de lutar para realizar a vacuidade até para atingir a libertação solitária.

(52) O resultado da meditação de um Bodhisattva sobre a vacuidade
É a habilidade de permanecer nas moradas do samsara
Por compaixão pelos que sofrem devido à confusão,
E de manter-se livre dos extremos do apego e do medo.

(53) Já que a realização da vacuidade é o antídoto que remove a escuridão
Das obstruções-delusões e das obstruções ao conhecimento,

Por que aqueles que desejam atingir a iluminação
Não meditam sobre a vacuidade já?

(54) Assim, é bastante inadequado lançar calúnias sobre
Aqueles que sustentam a visão da vacuidade;
Em vez disso, deveríeis meditar, sem alimentar dúvidas,
Sobre a vacuidade, a ausência de existência verdadeira.

(55) Com certeza, deveis temer algo
Que é a causa principal do sofrimento samsárico;
Mas, visto que meditar sobre a vacuidade elimina esse sofrimento,
Por que deveríeis temer a vacuidade?

(56) Se existisse um eu verdadeiramente existente,
Faria sentido ficar com medo de certas coisas;
Mas, visto que não existe um eu verdadeiramente existente,
Quem é que fica com medo?

(57) Dentes, cabelos e unhas não são o eu,
Nem ossos nem sangue.
Muco e fleuma não são o eu,
Nem vasos linfáticos nem pus.

(58) A gordura do corpo e o suor não são o eu,
Nem os pulmões nem o fígado.
Nenhum dos demais órgãos internos é o eu,
Nem os excrementos nem a urina.

(59) A carne e a pele não são o eu,
Nem o calor corporal nem os ventos.
O elemento espaço do corpo não é o eu,
Nem qualquer das seis consciências.

(60) Se uma consciência permanente fosse o eu, como
assevera a escola Samkhya,
Então, a consciência que desfruta do som também
seria permanente;
Mas como continuaria ela a desfrutar do som,
Quando o objeto, som, não mais estivesse presente?

(61) Se pudesse haver uma consciência subjetiva sem que
seu objeto existisse,
Então, seguir-se-ia que até um pedaço de pau poderia
ser uma consciência subjetiva.
Nada pode ser estabelecido como uma consciência
Se não houver um objeto do qual se esteja consciente.

(62) *"Quando nenhum som está presente, a consciência
desfruta outros objetos, como as formas visuais."*
Mas se fosse permanente, por que ela não
continuaria a apreender o som?
*"Porque nesse momento não há som nas
proximidades."*
Bem, se não houver objeto, o som, então, não haverá
apreendedor subjetivo de som!

(63) Ademais, como é possível que uma percepção cuja
natureza é apreender o som
Também seja uma percepção cuja natureza é
apreender formas visuais?
*"É como o caso de alguém que pode ser considerado
pai e filho."*
Mas isso é uma mera imputação; ele não é, por
natureza, ambos.

(64) A analogia do pai e do filho não funciona no vosso
caso, Samkhyas.
De acordo com o que pensais, o criador
independente de tudo manifesta todas as formas.

9. A PERFEIÇÃO DE SABEDORIA

Assim, pai e filho precisam ser uma única natureza,
tanto quanto um apreendedor de som e um
apreendedor de formas visuais –
Entretanto, coisas assim não são vistas por uma
mente válida.

(65) *"É como um ator mudando de papel e sendo visto sob diferentes aspectos."*
Bem, se o eu muda dessa maneira, ele não pode ser permanente!
"Embora os aspectos mudem, sua natureza permanece uma e a mesma."
Mas não podeis estabelecer uma natureza inalterável do eu, porque negais a natureza última do eu, a ausência de um eu verdadeiramente existente.

(66) *"Os diferentes aspectos não são verdadeiros, só a natureza deles é verdadeira."*
Se os aspectos não são verdadeiros, por que dizer que a natureza deles é verdadeira?
"A natureza deles é verdadeira e a mesma no sentido de que ambos são meramente apreendedores conscientes."
Bem, então, todos os seres vivos teriam que ser um e o mesmo, porque todos eles são apreendedores conscientes.

(67) Ademais, segue-se que fenômenos animados e inanimados teriam que ser um e o mesmo,
Como criações do princípio geral, o criador independente de tudo.
Se todos os aspectos particulares são falsos,
Como a base deles, sua natureza, poderia ser verdadeira?

(68) O eu material asseverado pelos materialistas também
não pode ser o eu,
Porque ele é desprovido de mente, tanto quanto um cântaro.
"Mas ele tem uma relação com a mente e, por isso, pode conhecer objetos."
Quando o self, ou eu, chega a conhecer algo, o self anterior, que não conhecia, cessa;

(69) Contudo, se, como dizeis, o self fosse permanente e inalterável,
Como poderia ele entabular uma relação com a mente e tornar-se um conhecedor?
Dizer que o self é desprovido de mente e incapaz de funcionar
É como dizer que o espaço é o self, ou o eu!

(70) "Se o self não fosse permanente, mas perecesse no momento seguinte,
Não haveria relação entre ações e seus efeitos,
Porque se o self perecesse no momento em que comete uma ação,
Quem estaria lá para experienciar os frutos daquela ação?"

(71) Nossa discussão sobre esse ponto é irrelevante,
Porque nós dois asseveramos que o continuum da pessoa que comete uma ação
Não difere do continuum da pessoa que experiencia seu efeito;
No entanto, na época de experienciar o efeito, a pessoa que cometeu a ação causal não mais existe;

(72) E na época de cometer a ação causal,
É impossível ver a pessoa experienciando os efeitos.

9. A PERFEIÇÃO DE SABEDORIA

Aquele que comete a ação e aquele que experiencia seus efeitos,
Ambos são meramente imputados ao continuum singular de uma coleção de agregados.

(73) Nem a mente do passado nem a mente do futuro são o self,
Porque a anterior cessou e a posterior ainda não foi produzida.
"Mas a mente que surge no momento presente, com certeza, é o self."
Se assim fosse, então, o self não existiria no momento seguinte!

(74) Se alguém descascar as camadas do tronco de uma bananeira,
Nunca descobrirá nada de substancial.
Da mesma maneira, se conduzirdes uma análise detalhada,
Nunca sereis capaz de encontrar um self, ou eu.

(75) *"Se os seres vivos não tivessem existência verdadeira, Por quem iríamos desenvolver compaixão?"*
Prometemos atingir a meta da Budeidade
Em nome daqueles que a ignorância imputa como verdadeiramente existentes.

(76) *"Se os seres vivos não existissem verdadeiramente, quem iria obter os resultados de meditar sobre compaixão?"*
É verdade que a causa, a meditação sobre compaixão, e o resultado, a Budeidade, não existem verdadeiramente; mas eles existem nominalmente.
Assim, para que o sofrimento de todos os seres vivos possa ser completamente apaziguado,
Não devemos rejeitar a compaixão nominalmente existente, que conduz a esse resultado.

(77) É o sofrimento e suas causas que precisam ser abandonados,
E é a ignorância do agarramento ao em-si que causa o aumento das delusões e dos sofrimentos.
"Mas não há como abandonar o agarramento ao em-si de modo que ele nunca retorne."
Pelo contrário, a meditação sobre o vazio do self, ou vacuidade, é o método supremo para realizar isso.

(78) Nem os pés nem as panturrilhas são o corpo,
Tampouco as coxas ou a lombar.
Nem a frente nem as costas do abdome são o corpo,
Tampouco o peito ou os ombros.

(79) Nem os lados nem as mãos são o corpo,
Tampouco os braços ou as axilas.
Nenhum dos órgãos internos é o corpo,
Tampouco a cabeça ou o pescoço.
Então, onde o corpo pode ser encontrado?

(80) Se disserdes que o corpo está distribuído
Entre todas as suas diferentes partes,
Embora possamos dizer que as partes existem nas partes,
Onde residiria um possuidor separado dessas partes?

(81) E se disserdes que o corpo inteiro existe
Dentro de cada parte, tal como a mão,
Segue-se que existiriam tantos corpos
Quantas forem as diferentes partes!

(82) Se um corpo verdadeiramente existente não pode ser encontrado nem dentro nem fora do corpo,
Como pode haver um corpo verdadeiramente existente entre as partes, como as mãos?
E visto que não há corpo separado de suas partes,
Como pode existir um corpo verdadeiramente existente?

9. A PERFEIÇÃO DE SABEDORIA

(83) Portanto, não há um corpo verdadeiramente existente,
Mas devido à ignorância, percebemos um corpo nas mãos e nas outras partes,
Exatamente como uma mente apreende de modo equivocado uma pessoa
Quando observa o formato de uma pilha de pedras na penumbra.

(84) Enquanto persistirem as causas para confundir a pilha de pedras com uma pessoa,
Haverá a apreensão equivocada do corpo de uma pessoa.
Igualmente, enquanto as mãos e outras partes forem apreendidas como verdadeiramente existentes,
Haverá a apreensão de um corpo verdadeiramente existente.

(85) Assim como o corpo carece de existência verdadeira, também suas partes, como as mãos, carecem,
Pois elas também são meramente imputadas à coleção de suas partes, como os dedos e assim por diante.
Os dedos, por sua vez, são meramente imputados à coleção de suas partes, como as juntas;
E quando as juntas são separadas em suas partes, elas também se mostram desprovidas de existência verdadeira.

(86) As partes das juntas são meramente imputadas a uma coleção de átomos,
E estes, por sua vez, são meramente imputados às suas partes direcionais.
Visto que as partes direcionais também podem continuar a ser subdivididas,
Os átomos carecem de existência verdadeira e são vazios, tal como o espaço.

(87) Portanto, que pessoa inteligente
Desenvolveria apego por essa forma-sonho?
E visto que não há corpo verdadeiramente existente,
Quem é macho verdadeiramente existente e quem é fêmea verdadeiramente existente?

(88) Se as sensações dolorosas fossem verdadeiramente existentes, elas não poderiam ser modificadas;
Seguir-se-ia que os seres vivos nunca experienciariam sensações agradáveis.
E se as sensações agradáveis fossem verdadeiramente existentes,
Por que deliciosos sabores não trariam prazer a uma pessoa de luto?

(89) *"Essa pessoa desenvolve sensações agradáveis, mas não as experiencia,*
Porque elas são suprimidas pela força das sensações desagradáveis."
Como poderia existir uma sensação
Que não fosse experienciada?

(90) *"Quando uma forte sensação agradável ocorre, continua havendo uma sensação dolorosa muito sutil.*
A sensação densa de dor é dissipada, e a dor sutil que permanece
Torna-se a natureza de uma sensação sutil agradável."
Bem, então, essa sensação sutil é uma sensação agradável, não uma dor!

(91) *"Então, estais afirmando que sensações dolorosas não ocorrem naquele momento*
Porque o sabor delicioso é causa do seu oposto – sensações agradáveis."

Que ele seja causa de sensações agradáveis ou
   desagradáveis depende meramente de imputação
   conceitual;
Logo, fica estabelecido que as sensações não têm
   existência inerente.

(92) O antídoto que abandona o agarramento às
   sensações verdadeiramente existentes
É a meditação e a análise da ausência de existência
   verdadeira.
A visão superior que surge a partir da análise desta
   vacuidade, conjugada com o tranquilo-permanecer,
É o alimento que nutre as realizações do iogue.

(93) Se houvesse espaço entre as partículas impartíveis de
   uma faculdade sensorial e aquelas de seu objeto,
Como iríeis sustentar que elas se encontram?
Porém, se não houvesse tal espaço, elas teriam que se
   misturar e se tornar completamente unas;
Neste caso, o que teria se encontrado com o quê?

(94) Contudo, uma partícula impartível nunca poderia
   penetrar uma outra,
Porque ambas seriam iguais em tamanho, sem
   nenhum espaço vazio no seu interior.
Sem se penetrar, elas não poderiam se misturar;
E sem se misturar, elas não poderiam se encontrar.

(95) Afirmar que duas coisas impartíveis podem se
   encontrar
É totalmente ilógico.
Se fosse possível, isso seria detectável por vós;
Logo, por favor, mostrai-me um exemplo!

(96) Não pode haver encontro verdadeiro entre
consciência e forma,
Porque a consciência não tem qualidades materiais.
Ademais, como foi explicado, não existe coleção
verdadeiramente existente;
Assim, não há coleção de partículas materiais
verdadeiramente existente com a qual se
encontrar.

(97) Logo, se o contato não é verdadeiramente existente,
A sensação que surge dele também não pode ter
existência verdadeira.
Então, por que se exaurir à procura de sensações
agradáveis?
E se não há sensações dolorosas verdadeiramente
existentes, quem seria prejudicado pelo quê?

(98) Se não há sensações verdadeiramente existentes,
Não pode haver pessoa verdadeiramente existente
para experienciá-las.
Convencidos de que esse é o caso,
Por que não abandonamos nosso anseio?

(99) Todos os objetos de consciência que dão origem às
sensações – desde formas visuais até objetos táteis –
São como sonhos e ilusões, totalmente desprovidos
de existência verdadeira.
Se a mente que experiencia as sensações fosse
verdadeiramente existente,
Ela não poderia experienciar sensações que surgem
simultaneamente a ela própria.

(100) Ademais, ainda que asseverásseis que ela pode
se lembrar de sensações que passaram, ela não
poderia experienciá-las;
Tampouco poderia experienciar sensações que ainda
não surgiram, porque estas não existem.

9. A PERFEIÇÃO DE SABEDORIA

Logo, as sensações não podem experienciar a si
próprias,
E nenhuma consciência outra verdadeiramente
existente tampouco pode experienciá-las.

(101) Assim, já que a pessoa que experiencia sensações não
existe verdadeiramente
E as próprias sensações não existem verdadeiramente,
Como pode essa coleção vazia de agregados
Ser prejudicada ou beneficiada por sensações
agradáveis ou desagradáveis?

(102) A consciência mental não pode ser encontrada nas
seis faculdades
Nem nos seis objetos das consciências, como as
formas, tampouco na coleção de ambos.
Ela não pode ser encontrada nem dentro nem fora
do corpo,
Tampouco em qualquer outro lugar.

(103) A consciência mental não é o corpo nem é
inerentemente outra que o corpo.
Ela não está misturada com o corpo nem está
inteiramente separada dele.
Ela não é minimamente verdadeiramente existente.
Essa ausência de existência inerente, a vacuidade da
mente, é denominada "estado natural de nirvana".

(104) Se uma percepção sensorial existisse antes de seu objeto,
Do que ela estaria consciente?
Se surgisse simultaneamente a seu objeto,
Na dependência de que objeto ela surgiria?

(105) E se uma consciência sensorial fosse verdadeiramente existente,
Como ela poderia surgir mais tarde na dependência de uma condição-objeto?
Dessa maneira, podemos entender
Que as seis consciências carecem de existência verdadeira.

(106) *"Bem, então, segue-se que os fenômenos não existem sequer convencionalmente*
E, nesse caso, vossa apresentação das duas verdades é inválida.
Ademais, se as verdades convencionais fossem meramente imputadas por mentes equivocadas,
Como poderiam os seres vivos passar para além da dor, ainda que nominalmente?"

(107) De acordo com nosso sistema, existir convencionalmente
Não significa ser imputado por uma mente que se agarra à existência verdadeira.
Uma verdade convencional, como o corpo, é imputada por uma mente conceitual válida que percebeu uma base de imputação válida.
Sem essa imputação por parte de uma mente válida, não haveria verdades convencionais.

(108) A mente que imputa e o objeto imputado
São estabelecidos na dependência mútua um do outro.
Cada fenômeno distinto é postulado por uma mente analítica,
De acordo com o que é validamente conhecido no mundo.

(109) *"Quando uma mente analítica compreende que um objeto é não-verdadeiramente existente,*

9. A PERFEIÇÃO DE SABEDORIA

Outra mente analítica tem que analisar aquela mente para compreender que ela também é não-verdadeiramente existente.
Esta mente analítica, por sua vez, precisa ser analisada por outra
E, desse modo, o processo é infindável, o que é um absurdo."

(110) Quando uma mente válida compreende diretamente a ausência de existência verdadeira de todos os fenômenos,
A existência verdadeira dessa mente é, ao mesmo tempo, implicitamente negada.
Essa não-existência verdadeira de ambos, o sujeito e o objeto,
Também é denominada "estado natural de nirvana".

(111) Malgrado vossas tentativas, vós, Chittamatrins, sois incapazes de estabelecer
A existência verdadeira da mente apreendedora e do objeto apreendido.
"Pelo contrário, as formas, por exemplo, são verdadeiramente existentes porque a consciência as apreende desse modo."
Como podeis estabelecer alguma coisa com uma consciência que seja verdadeiramente existente?

(112) *"Podemos estabelecer que a consciência é verdadeiramente existente porque os objetos que ela apreende são verdadeiramente existentes."*
Se disserdes isso, em que base a existência verdadeira desses objetos será estabelecida,
Dado que eles e a consciência que os apreende são mutuamente dependentes?
Seguramente isso demonstra que ambos, a consciência e seu objeto, carecem de existência verdadeira.

(113) Por exemplo, um homem que não tem filho, não
pode ser pai;
E não havendo pai, como pode haver filho?
Visto que sem filho não há pai, eles são mutuamente
dependentes e, portanto, nenhum deles é
verdadeiramente existente.
O mesmo se dá com a consciência e seu objeto.

(114) *"O fato de que um broto verdadeiramente existente
surge de uma semente,
Permite-nos entender a existência verdadeira da
semente.
Então, por que, ao constatar que uma consciência
verdadeiramente existente surge de um objeto,
Não podemos entender que o objeto também é
verdadeiramente existente?"*

(115) É verdade que a existência de uma semente pode ser
inferida a partir da existência de seu broto
Por uma consciência que é substancialmente distinta
desse broto;
Mas que consciência poderia conhecer uma
consciência verdadeiramente existente,
Que, segundo dizes, indica a existência verdadeira
de seu objeto?

(116) Até pessoas mundanas podem ver claramente
Que a maioria das coisas surge de causas.
Os diferentes tipos de lótus coloridos, por exemplo,
Surgem de várias diferentes causas.

(117) *"E o que deu lugar a estas várias causas?"*
Uma prévia variedade de causas.
*"Mas como uma causa distinta pode dar lugar a um
efeito distinto?"*
Cada efeito é produzido a partir de uma
potencialidade específica em sua causa precedente.

9. A PERFEIÇÃO DE SABEDORIA

(118) Se vós, os Samkhyas, quereis dizer que Ishvara é
 o criador de todas as coisas,
 Então, por favor, explicai quem é ou o que é Ishvara.
 *"Ele é basicamente a natureza dos quatro grandes
 elementos."*
 Então, por que o trabalho de lhe dar o nome
 "Ishvara"?

(119) Visto que elementos, como a terra, são substâncias
 múltiplas,
 Impermanentes, inamovíveis pela mente, não-divinas
 E algo que pode ser pisado e é imundo,
 Tais elementos não podem ser Ishvara.

(120) O espaço não é Ishvara, porque nada pode produzir,
 E um self permanente não pode ser Ishvara, porque
 essa hipótese já foi refutada.
 "Embora ele seja o criador, Ishvara é incognoscível."
 De que serve falar de algo que não pode ser
 conhecido?

(121) A rigor, o que poderia ser criado por Ishvara?
 *"Ele cria o mundo, os seres vivos e seu próprio
 continuum subsequente."*
 Mas sendo assim, como tal criador, ele próprio
 independente, se desenvolveu?
 Ademais, a consciência é produzida a partir de seu
 continuum anterior,

(122) E desde tempos sem início, felicidade e sofrimento
 têm sido criados pelo carma, ou ações.
 Diga-nos, então, o que Ishvara cria?
 Se a causa não tem início,
 O efeito também não pode ter início.

(123) Então, se a produção de tudo isso não dependesse de
outras condições,
Por que os efeitos, tais como felicidade e sofrimento,
não seriam produzidos constantemente sem
interrupção?
E se, como dizeis, não existisse nada outro que os
fenômenos criados por Ishvara,
De que condições Ishvara dependeria quando cria
um efeito?

(124) Se uma coleção de causas e condições produz um
efeito,
Esse efeito não terá sido produzido por Ishvara.
Se as causas e condições estiverem reunidas, nem
mesmo Ishvara terá o poder de impedir que o
efeito se produza;
E se elas não estiverem reunidas, ele não poderá
produzir tal efeito.

(125) Se efeitos, tais como o sofrimento, são produzidos
sem que Ishvara os queira,
Segue-se que eles são produzidos pelo poder de algo
outro que Ishvara.
Dizeis que todos os efeitos são produzidos de acordo
com os desejos de Ishvara,
Mas esses desejos não têm poder para produzir todas
as coisas, então, como pode Ishvara ser o criador
de tudo?

(126) A asserção de que o mundo e os seres vivos são
produzidos a partir de partículas permanentes
impartíveis
Já foi refutada.
Vós, Samkhyas, asseverais que o criador é
O princípio geral permanente.

9. A PERFEIÇÃO DE SABEDORIA

(127) Descreveis esse princípio geral como um estado equilibrado
De três qualidades – leveza, atividade e escuridão –,
Que devem ser entendidas como as sensações de indiferença, prazer e dor.
Dizeis que os estados desequilibrados delas são as manifestações que constituem o mundo.

(128) Se o princípio geral, o criador independente de tudo, tiver uma natureza tripla,
Ele não será singular nem plural; logo, não existirá.
De modo similar, as qualidades também não poderiam existir,
Pois dizeis que cada uma é um composto das três qualidades.

(129) Se as três qualidades não existem, o princípio geral não existe
E, nesse caso, é impossível estabelecer suas manifestações, tais como formas visuais e sons.
Além disso, é simplesmente impossível que coisas insensíveis, como roupas,
Tenham a mesma natureza que sensações, como felicidade.

(130) *"Todas as coisas existem verdadeiramente na natureza de suas causas."*
Mas já refutamos por completo a possibilidade de haver coisas verdadeiramente existentes.
De acordo convosco, roupas e similares surgem do princípio geral, um estado equilibrado de prazer e assim por diante;
Porém, este não pode ser o caso, pois já refutamos a existência desse princípio geral.

(131) De fato, sensações, como o prazer, surgem de coisas, como vestir roupas;
E quando tais causas estão ausentes, seus efeitos – o prazer e assim por diante – não ocorrem.
Se o princípio geral fosse permanente, sua natureza de prazer, por exemplo, também seria permanente;
Mas isso nunca foi visto por um conhecedor válido.

(132) Se o prazer fosse permanente, ele seria sempre manifesto;
Então, por que ele não é experienciado quando a dor está manifesta?
"Em tais ocasiões, a sensação densa de prazer se torna sutil."
Como pode algo que é permanente mudar de denso para sutil?

(133) Algo que abandona um estado denso e se torna sutil
É denso num momento e sutil noutro; logo, é impermanente.
Da mesma maneira, deveis asseverar
Que todas as coisas funcionais são impermanentes.

(134) Se o prazer denso não é diferente do próprio prazer,
Então, é claro que o prazer e, por conseguinte, o princípio geral são impermanentes.
Asseverais que um fenômeno manifesto não existe na época de sua causa
E que, desse modo, um produto não existe na época de sua causa.

(135) Embora não quereis asseverar que um fenômeno manifesto que não existia antes é produzido mais uma vez,
Na realidade, é isso o que estais afirmando.

9. A PERFEIÇÃO DE SABEDORIA

       Se o efeito e sua causa existissem como a mesma natureza,
Então, ingerir alimentos seria o mesmo que ingerir os excrementos que ele produz!

(136) Assim, em vez de gastar vosso dinheiro em roupas de algodão,
Poderíeis comprar sementes de algodão para vestir!
"As pessoas mundanas não veem o efeito na época da causa em virtude de sua confusão."
Mas, o que dizer de vosso professor, Kapila? Ele deve saber disso, pois, segundo dizeis, ele é onisciente;

(137) E uma vez que ensinais essa visão às pessoas mundanas,
Por que elas não conseguem ver o efeito na época da causa?
"Porque as pessoas mundanas não veem as coisas com conhecedores válidos."
Então, os fenômenos manifestos que elas veem claramente também não podem ser verdadeiros!

(138) *"De acordo convosco, Madhyamikas, conhecedores válidos não são verdadeiramente existentes; portanto, devem ser falsos,
O que faz supor que os objetos estabelecidos por eles também sejam falsos.
Se assim for, então, a vacuidade que asseverais é falsa
E meditar sobre ela é inútil."*

(139) Sem primeiro identificar corretamente o objeto a ser negado, a existência verdadeira,
Não podereis apreender sua negação ou não-existência, a vacuidade.
A negação da existência verdadeira, a vacuidade,
Evidentemente não tem existência verdadeira, ela própria

(140) Por exemplo, se uma mãe sonhar que sua criança morreu,
A ideia de que a criança não existe mais
Removerá a ideia da existência da criança,
Muito embora nenhuma seja verdadeiramente existente.

(141) Por meio dessas diversas linhas de raciocínio,
Estabelecemos que produção não ocorre sem uma causa
E que um resultado, como um broto, não existe em nenhuma de suas causas e condições,
Nem individualmente nem coletivamente.

(142) Efeitos não vêm de lugar algum quando são produzidos,
Não vão para lugar algum quando perecem, tampouco permanecem inerentemente.
Aparentam ser verdadeiramente existentes só por causa da ignorância,
Mas, de fato, são como ilusões.

(143) Examinai coisas produzidas a partir de causas
E comparai-as com ilusões criadas por um mágico.
De onde elas vêm quando surgem?
Para aonde vão quando perecem?

(144) Pode-se ver que efeitos surgem de causas
E que sem uma causa não pode haver um efeito.
Assim, as coisas são artificiais, tal qual imagens refletidas.
Como poderiam elas ser verdadeiramente existentes?

(145) Se algo fosse verdadeiramente existente,
Qual a necessidade de uma causa para produzi-lo?
E se fosse não-existente,
De novo, qual a necessidade de uma causa para produzi-lo?

9. A PERFEIÇÃO DE SABEDORIA

(146) Mesmo com um milhão de causas,
Uma não-coisa nunca se transformará em uma coisa.
Se ela permanecer uma não-coisa, como se tornaria ela uma coisa?
A partir de que estado ela se transformaria em uma coisa?

(147) Enquanto ela não for uma coisa, não poderá existir como coisa;
Assim, quando ela se tornaria uma coisa?
Ela seria incapaz de deixar de ser uma não-coisa
Sem que primeiro se tornasse uma coisa;

(148) Mas sem deixar o estado de ser uma não-coisa,
É impossível que o estado de coisa surja.
Igualmente, uma coisa funcional não pode se tornar uma coisa permanente,
Pois, se o fizesse, ela teria duas naturezas mutuamente excludentes.

(149) Assim como não há produção verdadeiramente existente de coisas,
Também não há cessação verdadeiramente existente.
Logo, os seres vivos não são verdadeiramente nascidos,
Tampouco cessam verdadeiramente.

(150) Seres vivos são como objetos de um sonho,
Pois, quando analisados, não possuem identidade última, qual um arco-íris.
Assim, uma vez que ambos carecem de existência inerente, não há diferença
Entre o nirvana, o estado além da dor, e o samsara, o estado da dor.

(151) Já que os objetos são vazios dessa maneira,
 O que se tem a ganhar e o que se tem a perder?
 Existe alguém para me elogiar?
 E existe alguém para me censurar?

(152) Não havendo benefício nem prejuízo
  verdadeiramente existentes,
 O que há para nos deixar felizes ou infelizes?
 E quando sua natureza última é procurada,
 Onde estão aqueles que buscam boa reputação e
  onde está aquilo que buscam?

(153) Examinando dessa maneira, quem vive neste mundo
 E quem irá morrer?
 O que acontecerá no futuro e o que aconteceu no
  passado?
 Quem são nossos amigos e quem são nossos parentes?

(154) Eu te suplico, ó leitor, tu que és exatamente como eu,
 Por favor, luta para compreender que todos os
  fenômenos são vazios, como o espaço.
 Considera que, embora todas as pessoas almejem a
  felicidade,
 Elas oscilam entre deixar-se perturbar pelo sofrimento

(155) E ficar superexcitadas por prazeres fúteis.
 Não encontrando felicidade, elas sofrem; e na luta
  para satisfazer seus desejos,
 Elas brigam, disputam e se ferem umas às outras
  com armas.
 Assim, elas consomem suas vidas a serviço da
  não-virtude.

(156) De tempos em tempos, elas têm um renascimento
  afortunado
 E, por um breve período, desfrutam de alguma
  felicidade temporária,

9. A PERFEIÇÃO DE SABEDORIA

Mas logo morrem e caem nos reinos inferiores,
Onde experienciam sofrimento intolerável por
muito tempo.

(157) No samsara, existem muitas armadilhas que levam ao
sofrimento.
Em vez de achar o caminho da vacuidade, que leva à
liberdade,
Estamos amarrados ao seu oposto, o agarramento à
existência verdadeira.
Contudo, se não encontrarmos o caminho à
vacuidade enquanto estivermos no samsara,

(158) Continuaremos a experienciar um infindável oceano
de sofrimento,
Cujo horror está além de qualquer analogia.
Até em renascimentos afortunados, teremos pouca
habilidade para praticar virtude
E nossas vidas de liberdade e dote transcorrerão
rapidamente.

(159) Estamos constantemente em luta para evitar a
doença e a morte,
Para nos defender da fome, encontrar algum
descanso ou apenas dormir.
Somos prejudicados por obstáculos internos e externos
E desperdiçamos nossas vidas em companhias inúteis.

(160) Assim, a vida passa velozmente sem nenhum sentido
E achamos muito difícil realizar a vacuidade.
Em tal estado, onde encontrar um método para
inverter
Os devaneios deludidos da mente, com os quais
estamos tão habituados?

(161) Ademais, forças demoníacas lutam constantemente
Para nos jogar nas vastas terras desérticas dos reinos inferiores.
Há muitos caminhos equivocados capazes de nos enganar,
E achamos difícil resolver dúvidas estultas.

(162) Será muito difícil encontrar de novo a liberdade e o dote de um nascimento humano.
Budas raramente aparecem neste mundo e é difícil encontrar um Guia Espiritual Mahayana qualificado.
Sem eles, não há como conter a inundação das delusões
Que triste! O sofrimento dos seres vivos prosseguirá sem interrupção.

(163) Oh! Seguramente é preciso sentir compaixão por todos esses pobres seres,
Que estão sendo arrastados nos vastos rios de sofrimento,
Pois embora padeçam ao extremo,
Não reconhecem seu estado de sofrimento.

(164) Por exemplo, alguns ascetas lavam-se repetidamente em água gelada
E se queimam com fogo muitas vezes;
Embora experienciem imenso sofrimento,
Eles sustentam orgulhosamente que são felizes!

(165) Igualmente, quem vive a vida
Como se não fosse ser golpeado por sofrimentos, como envelhecimento e morte,
Experienciará terrível dor nas mãos do Senhor da Morte
E, depois, será atirado nos tormentos insuportáveis dos reinos inferiores.

9. A PERFEIÇÃO DE SABEDORIA

(166) Possa eu ser capaz de extinguir as fogueiras do
   sofrimento,
   Que atormentam todos esses seres,
   Com a vasta chuva de felicidade,
   Que descerá das nuvens do meu mérito;

(167) E acumulando sinceramente uma coleção de mérito,
   Enquanto adquiro a sabedoria que realiza a
      existência não-verdadeira,
   Possa eu ensinar a vacuidade a todos os seres vivos,
   Que sofrem em virtude de seu agarramento ao em-si.

Assim termina o nono capítulo do *Guia do Estilo de Vida do Bodhisattva*, intitulado *"A Perfeição de Sabedoria"*.

Dedicatória

Pela virtude dos meus méritos,
Que, em qualquer parte, todos os seres
Atormentados pelos sofrimentos do corpo e
   da mente
Encontrem conforto físico e alegria mental.

Capítulo 10

Dedicatória

(1) Pelas virtudes que criei
   Ao compor o *Guia do Estilo de Vida do Bodhisattva,*
   Que todos os seres vivos, sem exceção,
   Pratiquem os feitos de um Bodhisattva.

(2) Pela virtude dos meus méritos,
   Que, em qualquer parte, todos os seres
   Atormentados pelos sofrimentos do corpo e da mente
   Encontrem conforto físico e alegria mental.

(3) Pelo tempo que ficarem no samsara,
   Que sua felicidade temporária nunca diminua;
   E que, por fim, todos possam experienciar
   A alegria perene da Budeidade.

(4) Que todas as criaturas encarnadas
   De um extremo a outro do universo,
   Que estão experienciando as dores do inferno,
   Desfrutem o êxtase da Terra Pura de Sukhavati.

(5) Que os atormentados pelo frio sejam aquecidos,
   E que os atormentados pelo calor sejam refrescados
   Por uma chuva contínua de águas suaves,
   Que cai das vastas nuvens de mérito e sabedoria dos
     Bodhisattvas.

(6) Que a floresta de folhas-cortantes
Torne-se uma aprazível senda de arvoredos,
E que as árvores de lascas de ferro e espinhos perfurantes
Transformem-se em árvores-que-satisfazem-os-desejos.

(7) Que as regiões do inferno tornem-se terras alegres,
Adornadas com lagoas de lótus, vastas e fragrantes,
Onde ressoa o piar encantador
De gansos selvagens, patos e cisnes.

(8) Que as montanhas de carvão ardente tornem-se pilhas de várias joias,
Que o chão de ferro em brasa torne-se um suave solo de cristal,
E que as montanhas dos infernos esmagadores
Transformem-se em palácios de adoração, repletos de Sugatas.

(9) Que a chuva de lava, pedras incandescentes e armas,
Doravante, torne-se uma chuva de flores,
E que todos os ataques armados,
De agora em diante, tornem-se uma divertida troca de flores.

(10) Que aqueles que se afogam nas ferozes torrentes de ácido –
Com a carne dilacerada a revelar ossos brancos como o lírio –
Alcancem os corpos dos seres celestiais
E brinquem com consortes em riachos que fluem docemente.

(11) *"Por que os torturadores do Senhor da Morte e os pavorosos busardos e abutres estão com tanto medo?*
Por meio de que nobre poder foi a escuridão da nossa dor dissipada, e alegria nos foi concedida?"

10. DEDICATÓRIA

Olhando para cima, os que estão no inferno
contemplarão a forma radiante de Vajrapani, o
Detentor do Vajra.
Pela força de sua recém-achada fé e alegria, que eles se
livrem do mal do passado e permaneçam com ele.

(12) Quando virem a lava flamejante do inferno extinta pela
chuva de flores umedecidas com água perfumada
E forem imediatamente saciados com êxtase,
Eles irão se perguntar pelas mãos de quem isso
aconteceu
E contemplar Pämapani, o Detentor do Lótus.

(13) *"Amigos, livrem-se dos temores e rapidamente
venham até aqui,*
*Pois acima de nós está o jovem Manjushri, cujo birote
radiante dissipa todos os medos.*
*Dotado com grande compaixão e bodhichitta, ele
protege todos os seres vivos*
*E pelo seu poder afasta todo sofrimento e concede
perfeita alegria.*

(14) *Contemplem-no em seu encantador palácio onde
ressoam canções de mil seres celestiais,*
*Com centenas de deuses curvando-se diante dele, a
tocar seus pés de lótus com suas tiaras,*
*E uma vasta chuva de flores caindo sobre sua graciosa
cabeça, seus olhos umedecidos de compaixão."*
Assim, só de ver Manjushri, que todos os seres no
inferno chorem de alegria.

(15) Igualmente, quando, por minhas raízes de virtude,
todos os seres no inferno
Sentirem a chuva refrescante e docemente perfumada
descendo das nuvens miraculosas
Criadas por Bodhisattvas, como Samantabhadra,
Que eles experienciem felicidade perfeita.

(16) Que todos os animais livrem-se dos perigos
De serem predados uns pelos outros,
E que todos os espíritos famintos sejam tão felizes
Quanto os habitantes do continente norte.

(17) Que sejam saciados por uma corrente de leite
Que flui das mãos compassivas
De Arya Avalokiteshvara
E que, ao banharem-se nela, possam ser
   constantemente revigorados.

(18) Que os cegos vejam formas,
Que os surdos ouçam sons
E que, como Mayadevi, a mãe de Buda,
Todas as grávidas possam parir sem dor.

(19) Que os desnudos encontrem vestimentas,
Que os famintos encontrem alimentos
E que os sedentos encontrem água pura
E bebidas deliciosas.

(20) Que os pobres encontrem riqueza,
Que os enfraquecidos pelo pesar encontrem alegria
E que aqueles cuja fortuna decaiu
Encontrem o restabelecimento e a durabilidade de
   sua boa-sorte.

(21) Que todos aqueles que estão doentes
Sejam rapidamente curados
E que toda doença que afeta os seres vivos
Seja permanentemente erradicada.

(22) Que os assustados sejam aliviados de seus medos,
Que aqueles que estão em cativeiro sejam soltos,
Que os fracos sejam dotados de poder
E que todos pensem unicamente em beneficiarem-se
   uns aos outros.

10. DEDICATÓRIA

(23) Que na estrada os viajantes
Encontrem felicidade onde quer que andem,
E que sem nenhum esforço
Conquistem aquilo que os levou a partir.

(24) Que os que navegam em barcos e navios
Obtenham o que procuram,
E ao retornarem sãos e salvos à terra firme,
Possam se reunir alegremente com seus amigos e parentes.

(25) Que os que estão aflitos porque se perderam no caminho
Encontrem companheiros de viagem,
E sem medo de assaltantes ou de outros perigos,
Prossigam com conforto e sem fadiga.

(26) Que os que estão em lugares assustadores e perigosos,
As crianças, os idosos e os desprotegidos,
Bem como os transtornados e insanos,
Sejam guardados por seres celestiais bondosos.

(27) Que todos os seres humanos sejam liberados dos estados de servidão,
Que sejam dotados com fé, sabedoria e compaixão,
E possam ter a melhor comida, manter conduta pura
E sempre se preocupar com suas vidas futuras.

(28) Que tenham alegria inesgotável e recursos copiosos,
Exatamente como o tesouro supremo;
E desfrutem de liberdade,
Sem disputas, importunação ou ferimento.

(29) Que os que possuem pouco esplendor
Sejam dotados com majestade,
E que aqueles cujo corpo foi exaurido por ascetismo
Atinjam formas magníficas e nobres.

(30) Que todos os seres em qualquer lugar
Tenham renascimentos no sexo de sua escolha,
E que os humildes e sem casta atinjam grandeza,
Sem nunca demonstrar orgulho.

(31) Pelo poder do mérito que acumulei,
Que todos os seres vivos, sem exceção,
Abandonem qualquer tipo de mal
E sempre se engajem em virtude.

(32) Que nunca sejam separados da bodhichitta
E sempre sigam o estilo de vida do Bodhisattva.
Que sejam cuidados pelos Budas e guias espirituais
E abandonem toda atividade demoníaca.

(33) Enquanto estiverem no samsara, que renasçam nos reinos afortunados
E desfrutem vidas inconcebivelmente longas,
Permanecendo sempre no contentamento,
Sem nunca sequer ouvir a palavra "morte".

(34) Que todos os lugares do mundo
Tornem-se jardins de árvores-que-satisfazem-os-desejos,
Onde ressoa o som do Dharma
Proclamado pelos Budas e Bodhisattvas.

(35) Que a terra inteira
Torne-se completamente pura,
Tão plana quanto a palma da mão
E tão lisa quanto o lápis-lazúli.

(36) E que apareçam em todas as terras,
Pelo benefício de todos os discípulos,
Multidões de Bodhisattvas,
Possuidores de excelentes qualidades.

10. DEDICATÓRIA

(37) Que todos os seres vivos ouçam ininterruptamente
O doce som do Dharma,
A emanar dos pássaros e das árvores,
Dos feixes de luz e até do próprio espaço.

(38) Que eles sempre se encontrem com os Budas
E seus filhos e filhas, os Bodhisattvas;
E que os guias espirituais do mundo
Sejam venerados com nuvens de oferendas.

(39) Que os seres celestiais tragam chuvas, independente
das estações,
E que as colheitas sejam sempre abundantes.
Que os dirigentes governem inspirados pelo Dharma
E que o povo deste mundo prospere.

(40) Que todos os remédios sejam eficazes,
Que a recitação de mantras satisfaça todos os desejos
E que os espíritos e animais que exercem influência
sobre nós
Sejam dotados de grande compaixão.

(41) Que ninguém jamais experiencie dor física,
Angústia mental ou doença.
Que todos se livrem de qualquer forma de
infelicidade
E que ninguém seja amedrontado ou menosprezado.

(42) Em todos os templos e centros de Dharma,
Que a recitação e a meditação floresçam para sempre.
Que a Sangha esteja sempre em harmonia
E que seus desejos de beneficiar os outros se cumpram.

(43) Que a Sangha que deseja praticar puramente
Encontre as melhores condições para fazê-lo,
E abandonando todas as distrações,
Medite com maleabilidade mental.

(44) Que os ordenados recebam ajuda material
E sempre estejam livres de maldade.
Que ninguém que se ordenou
Jamais permita a degeneração de sua disciplina moral.

(45) Que todos os que quebraram sua disciplina moral
Purifiquem completamente tais quedas.
Que atinjam renascimentos afortunados
E nunca permitam que sua moralidade se desvie novamente.

(46) Que aqueles que são instruídos no Dharma sejam respeitados
E recebam ajuda material.
Que suas mentes sejam puras e serenas
E suas qualidades, proclamadas em todas as direções.

(47) Que nunca experienciem os sofrimentos dos reinos inferiores
Nem sejam confrontados com provações de corpo, fala e mente.
Que tenham formas superiores às dos deuses
E rapidamente atinjam o estado de um Buda.

(48) Que todos os seres vivos, muitas e muitas vezes,
Façam oferendas aos Budas.
Que se tornem dotados com o êxtase eterno
De um ser plenamente iluminado.

(49) Que os Bodhisattvas satisfaçam o bem-estar do mundo
Exatamente como intencionaram fazer
E que todos os seres vivos recebam
Tudo o que os Budas intencionaram lhes proporcionar.

(50) Igualmente, que todos os Realizadores Solitários e Ouvintes
Alcancem a felicidade do nirvana.

10. DEDICATÓRIA

(51) E até ter alcançado o nível do Alegre,
Pelas bênçãos de Manjushri,
Que eu me preocupe com minhas vidas futuras
E sempre receba a ordenação.

(52) Que eu sempre viva humildemente, nutrido com comida simples.
Que durante todas as minhas vidas eu possa permanecer em solitude
E sempre encontre condições ideais
Para atingir minhas metas espirituais.

(53) Sempre que quiser ver uma escritura
Ou compor ainda que um único verso,
Possa eu contemplar sem obstrução
O Protetor Manjushri.

(54) Para satisfazer as necessidades de todos os seres vivos
Até os confins do espaço,
Que meu estilo de vida se assemelhe sempre
Ao de Manjushri.

(55) Enquanto o espaço existir
E enquanto os seres vivos ficarem no samsara,
Que eu resida entre eles
Para afastar todo o seu sofrimento.

(56) Que todo o sofrimento dos seres vivos
Amadureça unicamente em mim;
E pelo poder das virtudes e aspirações dos Bodhisattvas,
Que todos os seres experienciem felicidade.

(57) Que o Budadharma, o único remédio para todo o sofrimento
E a fonte de toda a felicidade,
Seja materialmente apoiado e honrado,
E permaneça por muito tempo.

(58) Prostro-me a Manjushri,
Por cuja bondade minhas intenções virtuosas surgem;
E prostro-me ao meu Guia Espiritual,
Por cuja bondade minhas qualidades virtuosas aumentam.

Assim termina o décimo capítulo do *Guia do Estilo de Vida do Bodhisattva*, intitulado *"Dedicatória"*.

Assim termina o *Guia do Estilo de Vida do Bodhisattva*, composto pelo mestre budista Shantideva.

Glossário

A maioria desses termos foi detalhadamente explicada no comentário intitulado Contemplações Significativas, *escrito por Geshe Kelsang Gyatso. Outros livros do autor, que trazem mais detalhes sobre esses termos, também estão mencionados.*

Absorção-sem-discriminação Concentração do quarto reino da forma que observa o nada, e que é atingida pela interrupção das sensações e discriminações densas. Consultar *Oceano de Néctar*.

Agarramento ao em-si Mente conceitual que considera todos os fenômenos como inerentemente existentes. É a origem de todas as demais delusões, como raiva e apego, e a raiz de todos os sofrimentos e insatisfações. Consultar *Novo Coração de Sabedoria*.

Agarramento ao verdadeiro Mente conceitual que apreende a existência verdadeira.

Agregados Em geral, todas as coisas funcionais são agregados, pois são uma agregação de suas próprias partes. Uma pessoa do reino do desejo ou da forma possui cinco agregados: forma, sensação, discriminação, fatores de composição e consciência. Seres do reino da sem-forma não têm o agregado forma, só os outros quatro. O agregado forma de uma pessoa é seu corpo. Os outros quatro são aspectos de sua mente. Os agregados de um ser do samsara denominam-se agregados contaminados. Consultar *Novo Coração de Sabedoria*.

Anticonscienciosidade Fator mental deludido que deseja envolver-se irrestritamente em ações não virtuosas.

Antivigilância Fator mental deludido que, por ser incapaz de fazer a distinção entre falhas e não-falhas, leva-nos a desenvolver falhas.

Aparência dual A aparência de um objeto e de sua existência inerente à mente. Consultar *Novo Coração de Sabedoria*.

Apego Fator mental deludido que observa um objeto contaminado, considera-o como causa de felicidade e quer possuí-lo.

Arhat Termo sânscrito para "Destruidor de Inimigos". Refere-se a um praticante que abandonou todas as delusões e suas sementes por meio de treinar em caminhos espirituais e que nunca mais renascerá no samsara. Neste contexto, o termo "inimigo" refere-se às delusões..

Arya Termo sânscrito para "Ser Superior". Alguém que tem uma realização direta, ou não- conceitual, da vacuidade. Pode ser um Hinayana ou um Mahayana.

Autoapreço Atitude mental que considera nosso próprio eu como precioso e importante.

Autoconhecedor Consciência que experiencia a si mesma.

Avalokiteshvara "*Chenrezig*", em tibetano. A corporificação da compaixão de todos os Budas.

Avareza Fator mental deludido que, motivado por apego desejoso, agarra-se firmemente às coisas e não deseja ser separado delas.

Base de imputação Todos os fenômenos são imputados às suas partes; portanto, nenhuma dessas partes nem a completa coleção delas podem ser a base de imputação do fenômeno. Para que um fenômeno possa ser imputado pela mente, é preciso que sua base de imputação apareça a essa mente. Consultar *Novo Coração de Sabedoria*.

Bênçãos Transformação da mente de um estado negativo para um estado positivo, de um estado infeliz para um estado feliz, ou de um estado de fraqueza para um estado de força, por meio da inspiração dos seres sagrados, como nosso Guia Espiritual, os Budas e os Bodhisattvas.

Bodhichitta Termo sânscrito para "mente de iluminação". *Bodhi* significa iluminação e *chitta*, mente. Há dois tipos de bodhichitta – convencional e última. De modo geral, o termo refere-se à bodhichitta convencional, uma mente primária motivada por grande compaixão que busca espontaneamente beneficiar todos os seres vivos. A bodhichitta convencional pode ser de dois tipos: aspirativa e de compromisso. A bodhichitta última é uma sabedoria, motivada pela bodhichitta convencional, que realiza diretamente a vacuidade, a natureza última dos fenômenos.

Bodhichitta aspirativa Mente que aspira atingir a iluminação para beneficiar todos os seres vivos, mas que ainda não se engajou nas práticas de treinamento de um Bodhisattva. Equivale à situação de alguém que pretende viajar, mas que ainda não se pôs a caminho.

Bodhichitta de compromisso Depois de se tomar os votos bodhisattva, a bodhichitta aspirativa se transforma em bodhichitta de compromisso, uma mente engajada nas práticas que levam à iluminação.

Bodhisattva Alguém que gerou a bodhichitta espontânea, mas ainda não se tornou um Buda.

Brahma Deus mundano que reside no primeiro reino da forma.

Buda Um ser que abandonou por completo todas as delusões e suas marcas. Todo ser vivo tem o potencial para se tornar um Buda.

Budismo Kadampa Escola budista Mahayana fundada pelo grande mestre budista indiano Atisha (982-1054).

Carma Termo sânscrito que se refere a ações. Por força da intenção, executamos ações com nosso corpo, fala e mente, e todas essas ações produzem efeitos. O efeito de um ação virtuosa é felicidade, o de uma ação negativa é sofrimento. Consultar *Caminho Alegre da Boa Fortuna*.

Chekhawa, Bodhisattva (1102-1176) Eminente Bodhisattva Kadampa autor do texto *Treinar a Mente em Sete Pontos* – um comentário a *Oito Estrofes do Treino da Mente*, do Bodhisattva Langri Tangpa. Chekhawa difundiu o estudo e a prática do treino da mente através do Tibete. Consultar *Compaixão Universal*.

Chittamatra Uma das duas escolas filosóficas Mahayana. Chittamatra significa "apenas a mente". É assim denominada porque assevera que todos os fenômenos são a mera natureza da mente. Seus adeptos são os Chittamatrins. Consultar *Oceano de Néctar*.

Coisa funcional Todo fenômeno que é produzido e se desintegra num instante. Sinônimo de fenômeno impermanente e de produto.

Coleção de mérito Ação virtuosa motivada por bodhichitta e causa principal para se atingir o Corpo-Forma de um Buda. Exemplos: fazer oferendas e prostrações aos seres sagrados com a motivação de bodhichitta e praticar as seis perfeições, como dar, disciplina moral ou paciência.

Coleção de sabedoria Ação mental virtuosa motivada por bodhichitta e causa principal para se atingir o Corpo-Verdade de um Buda. Exemplos: ouvir, contemplar e meditar sobre a vacuidade com a motivação de bodhichitta.

Compaixão Mente virtuosa que deseja que os outros se libertem do sofrimento.

Concentração Fator mental que faz sua mente primária permanecer unifocadamente em seu objeto.

Conhecedor válido Um conhecedor que é não enganoso com relação a seu objeto conectado. Há dois tipos: conhecedor válidos subsequentes (ou *inferentes*) e conhecedores válidos diretos. Consultar *Como Entender a Mente*.

Confissão Purificação de carma negativo por meio dos quatro poderes oponentes: o poder da confiança, do arrependimento, do antídoto e da promessa. Consultar *O Voto Bodhisattva*.

Conscienciosidade Fator mental que, na dependência do esforço, aprecia o que é virtuoso e protege a mente contra delusão e não-virtude. Consultar *Como Entender a Mente*.

Contato Fator mental que atua para perceber seu objeto como agradável, desagradável ou neutro. Consultar *Como Entender a Mente*.

Contentamento Com intenção virtuosa, ficar satisfeito com as nossas condições exteriores e interiores.

Contínua-lembrança (mindfulness) Fator mental que serve para não se esquecer um objeto que foi realizado pela mente primária. Consultar *Como Entender a Mente*.

Corpo-Verdade O Corpo-Verdade-Sabedoria e o Corpo-Verdade-Natureza de um Buda. O primeiro é a mente onisciente de Buda e o segundo, a vacuidade ou a natureza última desta mente. Consultar *Caminho Alegre da Boa Fortuna*.

Dedicatória Intenção virtuosa que serve tanto para impedir que a virtude acumulada se degenere como para causar seu aumento. Fator mental virtuoso por natureza. Consultar *Caminho Alegre da Boa Fortuna*.

Delusão Fator mental que nasce de atenção imprópria e serve para tornar nossa mente agitada e descontrolada. Existem três delusões principais: ignorância, apego e ódio. Delas, nascem todas as demais – inveja, orgulho, dúvida deludida etc. Consultar *Como Entender a Mente*.

Deus "*Deva*", em sânscrito. Um ser do reino dos deuses, o mais elevado dos seis reinos do samsara. Há diferentes tipos de deuses: alguns pertencem ao reino do desejo, outros aos reinos da forma e da sem-forma. Consultar *Caminho Alegre da Boa Fortuna*.

Dez direções Os quatro pontos cardeais, os quatro intermediários e as direções de cima e de baixo.

Dharma Os ensinamentos de Buda e as realizações interiores atingidas na dependência de praticá-los. Dharma significa proteção. Colocando os ensinamentos de Buda em prática, protegemo-nos contra os sofrimentos e problemas.

Distração Fator mental deludido que se desvia para qualquer objeto de delusão.

Espírito faminto Ser que vive num dos reinos inferiores do samsara. Consultar *Caminho Alegre da Boa Fortuna*.

Estabilização mental Em geral, os termos "estabilização mental" e "concentração" são intercambiáveis. O termo concentração é mais usado para se referir à natureza da concentração, sua unifocalização, ao passo que o termo estabilização mental é usado para se referir à função da concentração, sua estabilidade.

Estupa Objeto religioso que simboliza a mente de Buda.

Eu O eu imputado na dependência de qualquer um dos cinco agregados. Persona, ser, *self* e eu são sinônimos. Consultar *Como Entender a Mente*.

Existência inerente Modo de existência imaginado, segundo o qual os fenômenos são tidos como se existissem de seu próprio lado, independente de outros fenômenos. Na realidade, todos os fenômenos são vazios de existência inerente, porque todos dependem de suas partes. Consultar *Novo Coração de Sabedoria*.

Existência verdadeira Existência que seja de algum modo independente de imputação conceitual.

Extremo do apego Apego à existência verdadeira dos fenômenos que faz alguém permanecer no samsara por causa de delusão e carma. Também conhecido como o "extremo do samsara".

Extremo do medo Medo dos sofrimentos do samsara que leva alguém a buscar libertação apenas para si mesmo. Também conhecido como o "extremo da paz solitária".

Fator mental Conhecedor que apreende principalmente um determinado atributo do objeto. Cada instante da mente contém em si uma mente primária e vários fatores mentais. Consultar *Como Entender a Mente*.

Fé Fator mental naturalmente virtuoso que atua, principalmente, para se opor à percepção de falhas em seu objeto observado. Existem três tipos de fé: a de acreditar, a de admirar e a fé almejar. Consultar *Como Transformar a sua Vida*.

Fenômeno impermanente Ver *Coisa funcional*.

Fenômeno negativo não-afirmativo Um objeto que é compreendido por meio da eliminação explícita de um objeto de negação. Há dois tipos: negativos afirmativos e negativos não-afirmativos. Uma negativa não-afirmativa é um fenômeno que não pressupõe outro fenômeno positivo. A vacuidade é um exemplo, porque ela é realizada por uma mente que nega diretamente a existência inerente, que é o objeto de negação, sem realizar nenhum outro fenômeno afirmativo. Consultar *Novo Coração de Sabedoria*.

Fenômeno permanente Um fenômeno permanente é aquele que não depende de causas e que não se desintegra momento a momento.

Guia Espiritual ("*Guru*" em sânscrito, "*Lama*" em tibetano). Qualquer professor, ou professora, que nos guie ao longo do caminho espiritual. Consultar *Caminho Alegre da Boa Fortuna* e *Grande Tesouro de Mérito*.

Hinayana Termo sânscrito para "pequeno veículo". A meta do Hinayana é atingir tão-somente sua própria libertação do sofrimento, por meio do completo abandono das delusões.

Humildade Fator mental virtuoso que atua, principalmente, para reduzir o orgulho deludido.

Iluminação O termo refere-se, em geral, à plena iluminação de um Buda. Existem três níveis de iluminação: a pequena iluminação de um Ouvinte, a iluminação mediana de um Realizador Solitário e a grande iluminação, ou iluminação de um Buda. Iluminação é uma libertação e uma verdadeira cessação. Consultar *Caminho Alegre da Boa Fortuna*.

Imputação De acordo com a escola Madhyamika-Prasangika, todos os fenômenos são meramente imputados pela concepção na dependência de suas bases de imputação. Portanto, eles são meras imputações e não existem do seu próprio lado. Consultar *Novo Coração de Sabedoria*.

Inferno (reino) O pior dos três reinos inferiores. Consultar *Caminho Alegre da Boa Fortuna*.

Iogue/Ioguine Termo sânscrito usado para designar alguém que atingiu a união do tranquilo-permanecer e da visão superior.

Ishvara Um deus que habita a Terra Controladora de Emanações, o estado mais elevado de existência do reino do desejo. Ishvara possui poderes miraculosos que, embora limitados e contaminados, fazem dele o ser mais poderoso desse reino.

Je Tsongkhapa (1357-1419) Emanação de Manjushri, o Buda da sabedoria, cuja manifestação como monge tibetano, no século XIV, foi predita por Buda. Restaurou a pureza da doutrina de Buda e demonstrou como praticar o puro Dharma em épocas degeneradas. Posteriormente, sua tradição ficou conhecida como Gelug ou Ganden. Consultar *Joia Coração*.

Joia-que-satisfaz-os-desejos Joia legendária que satisfaz todos os desejos.

Kadampa Termo tibetano, no qual *ka* significa "palavra" e se refere a todos os ensinamentos de Buda, *dam* refere-se às instruções especiais de Atisha, conhecidas como "etapas do caminho à iluminação", e *pa* refere-se a um seguidor do Budismo Kadampa que incorpora todos os ensinamentos de Buda por ele conhecidos em sua prática do Lamrim. Ver *Budismo Kadampa*.

Lamrim Termo tibetano que significa literalmente "as etapas do caminho". Trata-se de uma ordenação especial de todos os ensinamentos de Buda, que é fácil de ser compreendida e praticada. Revela todas as etapas do caminho à iluminação. Para obter um comentário completo, consultar *Caminho Alegre da Boa Fortuna*.

Langri Tangpa, Bodhisattva (1054-1123) Eminente geshe da Tradição Kadampa, famoso pela realização da prática de trocar eu com outros. Autor de *Oito Estrofes do Treino da Mente*. Consultar *Oito Passos para a Felicidade*.

Libertação "*Nirvana*", em sânscrito. Liberdade completa do samsara e de suas causas, as delusões. Consultar *Caminho Alegre da Boa Fortuna*.

Madhyamika Uma das duas principais escolas da doutrina Mahayana. Esta visão foi ensinada por Buda nos *Sutras Perfeição de Sabedoria*, durante a segunda girada da Roda do Dharma, e elucidada posteriormente por Nagarjuna e seus seguidores. Subdivide-se em duas escolas: a Madhyamika-Svatantrika e a Madhyamika-Prasangika. A segunda representa a visão final de Buda. Consultar *Oceano de Néctar*.

Mahayana Termo sânscrito para "Grande Veículo", o caminho espiritual à grande iluminação. A meta Mahayana é atingir a Budeidade para o benefício de todos os seres vivos, abandonando por completo as delusões e suas marcas.

Maitreya Corporificação da bondade amorosa de todos os Budas. Na época de Buda Shakyamuni, manifestou-se como um discípulo bodhisattva. No futuro, aparecerá como o quinto Buda universal.

Manjushri Corporificação da sabedoria de todos os Budas.

Mantra Literalmente, "proteção da mente". O mantra protege a mente contra as aparências e concepções comuns. Existem três tipos de mantra: mantras que são mentes, mantras que são ventos internos e mantas que são formas. Em geral, existem três tipos de recitação de mantra: verbal, mental e vajra. Consultar *Novo Guia à Terra Dakini* e *Solos e Caminhos Tântricos*.

Meditação Uma mente que se concentra num objeto virtuoso e uma ação mental, causa principal de paz mental. Existem dois tipos de meditação: analítica e posicionada. Quando usamos nossa imaginação, contínua-lembrança e faculdades de raciocínio para encontrar um objeto de meditação, estamos praticando a meditação analítica. Quando encontramos o objeto e o retemos unifocadamente, estamos praticando a meditação posicionada. Existem diferentes tipos de objeto. Alguns são objetos apreendidos pela mente, como impermanência e vacuidade. Outros são estados de mente, como amor, compaixão e renúncia. Fazemos a meditação analítica até que o objeto específico que estamos procurando apareça com clareza à nossa mente, ou até que um determinado estado mental seja gerado. Esse objeto ou estado mental será nosso objeto da meditação posicionada. Consultar *Novo Manual de Meditação*.

Mente Aquilo que é clareza e que conhece. A mente é clareza porque sempre carece de forma e possui o poder de perceber objetos. A mente conhece porque sua função é conhecer ou perceber os objetos. Consultar *Clara-Luz de Êxtase* e *Como Entender a Mente*.

Mente conceitual Pensamento que apreende seu objeto por meio de uma imagem genérica, ou imagem mental. Consultar *Como Entender a Mente*.

Mente primária Conhecedor que apreende principalmente a mera entidade de um objeto. Sinônimo de consciência. Existem seis mentes primárias: consciência visual, consciência auditiva, consciência olfativa, consciência gustativa, consciência tátil e consciência mental. Cada instante da mente contém em si uma mente primária e vários fatores mentais. Uma mente primária e seus fatores mentais acompanhantes são uma mesma entidade, mas exercem diferentes funções. Consultar *Como Entender a Mente*.

Mérito Boa sorte criada por ações virtuosas. É um poder potencial para aumentar nossas boas qualidades e produzir felicidade.

Monte Meru De acordo com a cosmologia budista, uma montanha divina que fica no centro do universo.

Nagarjuna Famoso erudito indiano e mestre de meditação budista. Reviveu os ensinamentos Mahayana no século I e esclareceu os *Sutras Perfeição de Sabedoria*. Consultar *Oceano de Néctar*.

Não-existente Algo que não é estabelecido por uma mente válida. Exemplos tradicionais são: chifre na cabeça de um coelho e o filho de uma mulher estéril. Um chifre na cabeça de um coelho, por exemplo, não é estabelecido por uma mente válida e, por conseguinte, não pode ser uma verdade convencional. Consultar *Novo Coração de Sabedoria*.

Objeto de negação Objeto explicitamente negado pela mente que realiza um fenômeno negativo. Na meditação sobre a vacuidade, refere-se à ausência de existência inerente. Também conhecido como o "objeto negado".

Obstruções à libertação Obstruções que impedem a conquista da libertação. Todas as delusões, como ignorância, apego e raiva, juntamente com suas sementes, são obstruções à libertação. Também conhecidas como "obstruções-delusões".

Obstruções à onisciência Marcas das delusões, que impedem uma realização simultânea e direta de todos fenômenos. Só os Budas superam esse tipo de obstrução. Também conhecidas como "obstruções ao conhecimento".

Oito Estrofes do Treino da Mente Escrito pelo Bodhisattva Langri Tangpa no século XI, esse texto revela a essência do caminho à iluminação do Budismo Mahayana. Para obter um comentário completo, consultar *Oito Passos para a Felicidade*.

Oito Grandes Filhos Os oito principais discípulos Mahayana de Buda Shakyamuni: Avalokiteshvara, Manjushri, Vajrapani, Maitreya, Samantabhadra, Ksitigarbha, Sarvanivaranavishambini e Akashagarbha. Na época de Buda, eles apareceram sob o aspecto de Bodhisattvas, demonstrando o modo correto de praticar os caminhos Mahayana e ajudando a expandir amplamente os ensinamentos de Buda para o benefício de todos.

Oito interesses mundanos Os objetos dos oito interesses mundanos são felicidade e infelicidade, ganho e perda, elogio e crítica, boa e má reputação. São denominados mundanos, porque as pessoas mundanas estão constantemente preocupadas com eles, desejando uns e tentando evitar outros.

Orgulho Fator mental deludido que, ao levar em consideração e exagerar nossas próprias boas qualidades ou posses, nos torna arrogantes.

Ouvinte Um dos dois tipos de praticante Hinayana. Ouvintes e Realizadores Solitários são ambos hinayanistas, mas diferem em motivação, comportamento, mérito e sabedoria. Os Realizadores Solitários são superiores aos Ouvintes em todos os aspectos. Consultar *Oceano de Néctar*.

Paciência Determinação virtuosa de suportar danos, sofrimento ou o Dharma profundo.

Perfeição de Sabedoria, Sutras São os Sutras da segunda girada da Roda do Dharma, nos quais Buda revelou sua visão final sobre a natureza última de todos os fenômenos – a vacuidade de existência inerente. Consultar *Novo Coração de Sabedoria*.

Prasangika Ver *Madhyamika*.

Práticas do método Qualquer caminho espiritual que sirva para amadurecer nossa linhagem búdica. Treinar em renúncia, compaixão e bodhichitta são exemplos de práticas do método.

Pretensão ou fingimento Fator mental deludido que, motivado por apego à riqueza ou à reputação, deseja fingir que temos qualidades que não possuímos.

Proponentes de coisas As escolas Vaibhashika, Sautrantika e Chittamatra são conhecidas como proponentes de coisas, porque asseveram que as coisas são verdadeiramente existentes. Consultar *Oceano de Néctar*.

Prostração Ato de demonstrar respeito com o corpo, a fala ou a mente. Consultar *O Voto Bodhisattva*.

Purificação Em geral, qualquer prática que conduza à conquista de um corpo, fala e mente puros. Mais especificamente, uma prática para purificar carma negativo por meio dos quatro poderes oponentes. Consultar *O Voto Bodhisattva*.

Quatro Nobres Verdades Verdadeiros sofrimentos, verdadeiras origens, verdadeiras cessações e verdadeiros caminhos. De acordo com a escolha Madhyamika-Prasangika, existem dois tipos de nobres verdades: as densas e as sutis. Essa divisão corresponde aos dois tipos de agarramento ao em-si de pessoas – o denso, que apreende uma pessoa autosustentada e substancialmente existente, e o sutil, que se agarra a uma pessoa inerentemente existente. Denominam-se "nobres" porque são objetos supremos de meditação. Meditando sobre as quatro nobres verdades sutis, podemos realizar a verdade última diretamente e nos tornar um ser superior, ou nobre.

Quatro poderes oponentes Elementos essenciais para o sucesso de uma prática de purificação: o poder da confiança, o poder do arrependimento, o poder da força oponente e o poder da promessa. Consultar *O Voto Bodhisattva*.

Raiva Fator mental deludido que observa um objeto contaminado, exagera suas más qualidades, considera-o indesejável e quer prejudicá-lo.

Realizador Solitário Um tipo de praticante Hinayana. Ver *Ouvinte*. Consultar *Oceano de Néctar*.

Refúgio Proteção efetiva. Buscar refúgio em Buda, Dharma e Sangha significa ter fé nessas Três Joias e confiar nelas para nos proteger contra todos os medos e sofrimentos. Consultar *Caminho Alegre da Boa Fortuna*.

Rei chakravatin Um ser extremamente afortunado que acumulou vasta quantidade de mérito e, por isso, renasceu como um rei cujo domínio se estende pelos quatro continentes da cosmologia budista, ou pelo menos por um deles. Atualmente não há reis chakravatins em nosso mundo e ninguém tem domínio completo sobre nosso continente, Jambudipa. Consultar *Grande Tesouro de Mérito*.

Reino da forma O ambiente dos deuses que possuem forma.

Reinos inferiores O reino do inferno, o reino dos espíritos famintos e o reino animal. Ver *Samsara*.

Renúncia O desejo de se libertar do samsara. Consultar *Caminho Alegre da Boa Fortuna*.

Samantabhadra Nome sânscrito para "O Todo Generoso", um Bodhisattva famoso por suas extensas oferendas. Consultar *Grande Tesouro de Mérito*.

Samkhya Escola não budista, a mais antiga das escolas bramânicas. Consultar *Oceano de Néctar*.

Samsara Termo sânscrito que significa "existência cíclica". Pode ser compreendido de duas maneiras: como renascimentos ininterruptos sem liberdade e controle, ou como os agregados de um ser que tem esse tipo de renascimento. É caracterizado por sofrimento e insatisfação. Há seis reinos samsáricos. Listados em ordem ascendente de acordo com o tipo de carma que causa renascimento neles, esses reinos são os seguintes: dos seres-do-inferno, dos fantasmas famintos, dos animais, dos seres humanos, dos semideuses e dos deuses. Os três primeiros são reinos inferiores, ou migrações infelizes; os outros três são reinos superiores, ou migrações felizes. Do ponto de vista do carma que causa o renascimento nele, o reino dos deuses pode ser considerado o mais elevado. Todavia, o reino humano é o mais afortunado, porque é o estado que provê as melhores condições para a libertação e a iluminação. Consultar *Caminho Alegre da Boa Fortuna*.

Sangha Segundo a tradição vinaya, qualquer comunidade de, no mínimo, quatro monges ou monjas plenamente ordenados. Em geral, pessoas ordenadas ou leigas que tomaram os votos bodhisattva ou tântricos podem ser consideradas como Sangha.

Seis faculdades As cinco faculdades sensoriais e a faculdade mental. Faculdade sensorial é um poder interior, que reside no exato centro de um órgão sensorial e cuja função é gerar diretamente uma percepção sensorial. Existem cinco faculdades sensoriais, uma para cada tipo de percepção sensorial. Faculdade mental é uma mentalidade que atua, principalmente, para produzir de modo direto o aspecto particular de uma percepção mental. Consultar *Como Entender a Mente*.

Seis perfeições As perfeições de dar, disciplina moral, paciência, esforço, estabilização mental e sabedoria. Denominam-se perfeições porque são motivadas pela bodhichitta. Consultar *Caminho Alegre da Boa Fortuna*.

Self Ver *Eu*.

Semideus Seres que vivem no reino dos semideuses. Assemelham-se aos deuses, mas seus corpos, posses e ambientes são inferiores. Consultar *Caminho Alegre da Boa Fortuna*.

Senhor da Morte Personificação do mara, ou demônio, da morte descontrolada. Embora esse mara não seja um ser vivo, é representado dessa forma. Também denominado "Yama". No diagrama da Roda da Vida, ele aparece segurando a roda entre seus dentes e garras. Consultar *Caminho Alegre da Boa Fortuna*.

Sensação Fator mental cuja função é experienciar objetos agradáveis, desagradáveis ou neutros. Consultar *Como Entender a Mente*.

Senso de vergonha Fator mental cuja função é evitar ações impróprias por motivos que interessam a nós mesmos. Consultar *Como Entender a Mente*.

Ser superior Ver *Arya*.

Ser vivo Qualquer ser que tenha uma mente contaminada por delusões ou por suas marcas. Os termos ser vivo e ser senciente são usados para fazer uma distinção entre estes seres e os Budas – ou seja, para distinguir os seres cujas mentes são contaminadas por uma das duas obstruções daqueles cujas mentes estão livres delas.

Sugata Outro termo para Buda. Indica que os Budas atingiram um estado de êxtase imaculado e indestrutível.

Sukhavati Termo sânscrito para "Terra de Êxtase" – a Terra Pura de Buda Amitabha.

Sutras Perfeição de Sabedoria Ver *Perfeição de Sabedoria, Sutras*.

Tathagata Termo sânscrito para "um ser que passou além". Refere-se a Buda.

Tempos sem início De acordo com a visão de mundo budista, não há um começo para a mente nem para o tempo. Logo, todos os seres vivos já tiveram incontáveis renascimentos anteriores.

Terra Pura Ambiente puro, em que não há verdadeiros sofrimentos. Existem muitas terras puras. Exemplos: Tushita, de Buda Maitreya; Sukhavati, de Buda Amitabha; Terra Dakini ou Keajra, de Buda Vajrayogini e Buda Heruka. Consultar *Viver Significativamente, Morrer com Alegria*.

Tradição Kadampa A pura tradição do Budismo Kadampa, fundada por Atisha. Até a época de Je Tsongkhapa, essa tradição era chamada de Antiga Tradição Kadampa e, depois, passou a ser conhecida como Nova Tradição Kadampa. Ver *Kadampa* e *Budismo Kadampa*.

Tranquilo-permanecer Concentração que possui o êxtase especial da maleabilidade de corpo e mente, e é alcançada quando completamos as nove permanências mentais.

Treinar a Mente em Sete Pontos Um comentário a *Oito Estrofes do Treino da Mente*, escrito pelo Bodhisattva Chekhawa. Consultar *Compaixão Universal*.

Treino da mente "*Lojong*", em tibetano. Uma linhagem especial de instruções provenientes de Buda Shakyamuni e transmitidas, por meio de Manjushri, a Shantideva, Atisha e aos mestres kadampas. Enfatiza a geração da bodhichitta por meio das práticas de equalizar eu com outros e de trocar eu com outros, associadas com o tomar e dar. Consultar *Compaixão Universal* e *Oito Passos para a Felicidade*.

Três Joias Os três objetos de refúgio: Buda, Dharma e Sangha. São denominados joias por serem raros e preciosos. Consultar *Caminho Alegre da Boa Fortuna*.

Três mundos No contexto desse trabalho, o termo "mundos" se refere aos "reinos". Os três mundos são, portanto, os reinos do desejo, da forma e da sem-forma – três níveis dentro do samsara. O reino do desejo é o ambiente dos seres-do-inferno, espíritos famintos, animais, seres humanos, semideuses e deuses que desfrutam dos cinco objetos de desejo. O reino da forma é o ambiente dos deuses que possuem forma. O reino da sem-forma é o ambiente dos deuses que não possuem forma.

Três treinos superiores Treinos em disciplina moral, concentração e sabedoria, realizados com a motivação de renúncia ou de bodhichitta.

Vaibhashika Uma das escolas filosóficas Hinayana. Não aceitam autoconhecedores e asseveram que os objetos externos são verdadeiramente existentes. Consultar *Oceano de Néctar*.

Vajrapani A corporificação do poder de todos os Budas. Aparece sob um aspecto irado, que revela seu poder de superar obstáculos externos, internos e secretos. Na época de Buda Shakyamuni, manifestou-se como um de seus discípulos bodhisattva.

Verdade convencional Qualquer fenômeno que não seja a vacuidade. Verdades convencionais são verdades para as mentes dos seres comuns, mas, na realidade, elas são falsidades. Consultar *Novo Coração de Sabedoria*.

Visão superior Uma sabedoria especial que vê ou percebe seu objeto claramente, e que é mantida pelo tranquilo-permanecer e pela maleabilidade especial induzida por investigação. Consultar *Caminho Alegre da Boa Fortuna*.

Voto Determinação virtuosa de abandonar determinadas falhas, gerada mediante um ritual tradicional. Os três conjuntos de votos são: os votos pratimoksha de libertação individual, os votos bodhisattva e os votos do Mantra Secreto. Consultar O *Voto Bodhisattva* e *Solos e Caminhos Tântricos*.

Bibliografia

VENERÁVEL GESHE KELSANG GYATSO RINPOCHE é um mestre de meditação e erudito altamente respeitado da tradição do Budismo Mahayana fundada por Je Tsongkhapa. Desde sua chegada ao Ocidente, em 1977, Venerável Geshe Kelsang Gyatso Rinpoche tem trabalhado incansavelmente para estabelecer o puro Budadharma no mundo inteiro. Durante esse tempo, deu extensos ensinamentos sobre as principais escrituras mahayana. Esses ensinamentos proporcionam uma apresentação completa das práticas essenciais de Sutra e de Tantra do Budismo Mahayana.

Consulte o *website* da Tharpa para conferir os títulos disponíveis em língua portuguesa.

Livros

Budismo Moderno O caminho da compaixão e sabedoria. (3ª edição, 2015)
Caminho Alegre da Boa Fortuna O completo caminho budista à iluminação. (4ª edição, 2010)
Clara-Luz de Êxtase Um manual de meditação tântrica. (2020)
Como Entender a Mente A natureza e o poder da mente. (edição revista pelo autor, 2014. Edição anterior, com o título *Entender a Mente*, 2002)
Como Solucionar Nossos Problemas Humanos As Quatro Nobres Verdades. (4ª edição, 2012)
Como Transformar a sua Vida Uma jornada de êxtase. (edição revista pelo autor, 2017. Edição anterior, com o título *Transforme sua Vida*, 2014)

Compaixão Universal Soluções inspiradoras para tempos difíceis. (3ª edição, 2007)
Contemplações Significativas Como se tornar um amigo do mundo. (2009)
O Espelho do Dharma, com Adições Como Encontrar o Verdadeiro Significado da Vida Humana. (2019. Edição anterior, com o título *O Espelho do Dharma*, 2018)
Essência do Vajrayana A prática do Tantra Ioga Supremo do mandala de corpo de Heruka. (2017)
Grande Tesouro de Mérito Como confiar num Guia Espiritual. (2013)
Guia do Estilo de Vida do Bodhisattva Como desfrutar uma vida de grande significado e altruísmo. Uma tradução da famosa obra-prima em versos de Shantideva. (2ª edição, 2009)
Introdução ao Budismo Uma explicação do estilo de vida budista. (6ª edição, 2012)
As Instruções Orais do Mahamudra A verdadeira essência dos ensinamentos, de Sutra e de Tantra, de Buda (2016)
Joia-Coração As práticas essenciais do Budismo Kadampa. (2ª edição, 2016)
Mahamudra-Tantra O supremo néctar da Joia-Coração. (2ª edição, 2014)
Novo Coração de Sabedoria Uma explicação do Sutra Coração. (edição revista pelo autor, 2013. Edição anterior, com o título *Coração de Sabedoria*, 2005)
Novo Guia à Terra Dakini A prática do Tantra Ioga Supremo de Buda Vajrayogini. (edição revista pelo autor, 2015. Edição anterior, com o título *Guia à Terra Dakini*, 2001)
Novo Manual de Meditação Meditações para tornar nossa vida feliz e significativa. (3ª edição, 2021)
Novo Oito Passos para a Felicidade O caminho budista da bondade amorosa. (edição revista pelo autor, 2017. Edições anteriores, como *Oito Passos para a Felicidade*: 2013 – também revista pelo autor – e 2007)
Oceano de Néctar A verdadeira natureza de todas as coisas. (2019)
Solos e Caminhos Tântricos Como ingressar, progredir e concluir o Caminho Vajrayana. (2016)

Viver Significativamente, Morrer com Alegria A prática profunda da transferência de consciência. (2007)
O Voto Bodhisattva Um guia prático para ajudar os outros. (3ª edição, 2021)

Sadhanas e outros Livretos

Venerável Geshe Kelsang Gyatso Rinpoche também supervisionou a tradução de uma coleção essencial de sadhanas, ou livretos de oração, para aquisições espirituais. Consulte o *website* da Editora Tharpa para conferir os títulos disponíveis em língua portuguesa.

Caminho de Compaixão para quem Morreu Sadhana de Powa para o benefício dos que morreram.
Caminho de Êxtase A sadhana condensada de autogeração de Vajrayogini.
Caminho para o Paraíso, O A prática de transferência de consciência (Powa) de Arya Tara.
Caminho Rápido ao Grande Êxtase A sadhana extensa de autogeração de Vajrayogini.
Caminho para a Terra Pura Sadhana para o treino em Powa (a transferência de consciência).
As Centenas de Deidades da Terra Alegre de Acordo com o Tantra Ioga Supremo O Guru-Ioga de Je Tsongkhapa como uma Prática Preliminar ao Mahamudra.
Cerimônia de Powa Transferência de consciência de quem morreu.
Cerimônia de Refúgio Mahayana e Cerimônia do Voto Bodhisattva.
Cerimônia do Voto Pratimoksha de uma Pessoa Leiga.
A Confissão Bodhisattva das Quedas Morais A prática de purificação do Sutra Mahayana dos Três Montes Superiores.
Essência da Boa Fortuna Preces das seis práticas preparatórias para a meditação sobre as Etapas do Caminho para a iluminação.
Essência do Vajrayana Sadhana de autogeração do mandala de corpo de Heruka, de acordo com o sistema de Mahasiddha Ghantapa.

O Estilo de Vida Kadampa As práticas essenciais do Lamrim Kadam.

Festa de Grande Êxtase Sadhana de autoiniciação de Vajrayogini.

Gota de Néctar Essencial Uma prática especial de jejum e de purificação em associação com Avalokiteshvara de Onze Faces.

Grande Libertação do Pai Preces preliminares para a meditação no Mahamudra em associação com a prática de Heruka.

Grande Libertação da Mãe Preces preliminares para a meditação no Mahamudra em associação com a prática de Vajrayogini.

A Grande Mãe Um método para superar impedimentos e obstáculos pela recitação do *Sutra Essência da Sabedoria* (o *Sutra Coração*).

O Ioga de Avalokiteshvara de Mil Braços Sadhana de autogeração.

O Ioga de Buda Amitayus Um método especial para aumentar tempo de vida, sabedoria e mérito.

O Ioga de Buda Heruka A sadhana essencial de autogeração do mandala de corpo de Heruka & Ioga Condensado em Seis Sessões.

O Ioga de Buda Maitreya Sadhana de autogeração.

O Ioga de Buda Vajrapani Sadhana de autogeração.

Ioga da Dakini A sadhana mediana de autogeração de Vajrayogini.

O Ioga da Grande Mãe Prajnaparamita Sadhana de autogeração.

O Ioga Incomum da Inconceptibilidade A instrução especial sobre como alcançar a Terra Pura de Keajra com este corpo humano.

O Ioga da Mãe Iluminada Arya Tara Sadhana de autogeração.

O Ioga de Tara Branca, Buda de Longa Vida.

Joia-Coração O Guru-Ioga de Je Tsongkhapa, associado à sadhana condensada de seu Protetor do Dharma.

Joia-que-Satisfaz-os-Desejos O Guru-Ioga de Je Tsongkhapa, associado à sadhana de seu Protetor do Dharma.

Libertação da Dor Preces e pedidos às 21 Taras.

Manual para a Prática Diária dos Votos Bodhisattva e Tântricos.

Meditação e Recitação de Vajrasattva Solitário.

Melodioso Tambor Vitorioso em Todas as Direções O ritual extenso de cumprimento e de renovação de compromissos com o Protetor do Dharma, o grande rei Dorje Shugden, juntamente com Mahakala, Kalarupa, Kalindewi e outros Protetores do Dharma.

Nova Essência do Vajrayana A prática de autogeração do mandala de corpo de Heruka, uma instrução da Linhagem Oral Ganden.

Oferenda ao Guia Espiritual (Lama Chöpa) Uma maneira especial de confiar no Guia Espiritual.

Oferenda Ardente do Mandala de Corpo de Heruka.

Oferenda Ardente de Vajrayogini.

Paraíso de Keajra O comentário essencial à prática do Ioga Incomum da Inconceptibilidade.

Pedido ao Sagrado Guia Espiritual Venerável Geshe Kelsang Gyatso, de seus Fiéis Discípulos.

Pedidos ao Senhor de Todas as Linhagens.

Prática Condensada de Buda Amitayus para Longa Vida.

Prece do Buda da Medicina Um método para beneficiar os outros.

Prece Libertadora Louvor a Buda Shakyamuni.

Preces para Meditação Preces preparatórias breves para meditação.

Preces pela Paz Mundial.

Preces Sinceras Preces para o rito funeral em cremações ou enterros.

Sadhana de Avalokiteshvara Preces e pedidos ao Buda da Compaixão.

Sadhana do Buda da Medicina Um método para obter as aquisições do Buda da Medicina.

O Tantra-Raiz de Heruka e Vajrayogini Capítulos Um e Cinquenta e Um do Tantra-Raiz Condensado de Heruka.

O Texto-Raiz: As Oito Estrofes do Treino da Mente

Tesouro de Sabedoria A sadhana do Venerável Manjushri.

União do Não-Mais-Aprender Sadhana de autoiniciação do mandala de corpo de Heruka.

Vida Pura A prática de tomar e manter os Oito Preceitos Mahayana.

Os Votos e Compromissos do Budismo Kadampa.

Os livros e sadhanas de Venerável Geshe Kelsang Gyatso Rinpoche podem ser adquiridos nos Centros Budistas Kadampa e Centros de Meditação Kadampa e suas filiais. Você também pode adquiri-los diretamente pelo *site* da Editora Tharpa.

Editora Tharpa (Brasil)
Rua Artur de Azevedo, 1360
Pinheiros
05404-003 São Paulo – SP
Tel: (11) 989595303
Web: www.tharpa.com/br
E-mail: contato.br@tharpa.com

Editora Tharpa (Portugal)
Rua Moinho do Gato, 5
2710-661 – Sintra, Portugal
Tel: 219 231 064
Web: www.tharpa.pt
E-mail: info@tharpa.pt

Programas de Estudo do Budismo Kadampa

O Budismo Kadampa é uma escola do Budismo Mahayana fundada pelo grande mestre budista indiano Atisha (982–1054). Seus seguidores são conhecidos como "Kadampas": "Ka" significa "palavra" e refere-se aos ensinamentos de Buda, e "dam" refere-se às instruções especiais de Lamrim ensinadas por Atisha, conhecidas como "as etapas do caminho para a iluminação". Através de integrar o conhecimento de todos os ensinamentos de Buda com a prática de Lamrim, e de incorporar isso em suas vidas diárias, os budistas kadampas são incentivados a usar os ensinamentos de Buda como métodos práticos para transformar atividades diárias em caminho para a iluminação. Os grandes professores kadampas são famosos não apenas por serem grandes eruditos, mas também por serem praticantes espirituais de imensa pureza e sinceridade.

A linhagem desses ensinamentos, tanto sua transmissão oral como suas bênçãos, foi transmitida de professor a discípulo e se expandiu por grande parte da Ásia e, agora, por muitos países do mundo. Os ensinamentos de Buda, conhecidos como "Dharma", são comparados a uma roda que se desloca de um país a outro de acordo com a mudança das condições e tendências cármicas de seus habitantes. As formas externas de se apresentar o Budismo podem mudar à medida que ele entra em contato com diferentes culturas e sociedades, mas sua autenticidade essencial é assegurada pela continuidade de uma linhagem ininterrupta de praticantes realizados.

O Budismo Kadampa foi apresentado pela primeira vez ao mundo moderno em 1977 pelo renomado mestre budista Venerável Geshe Kelsang Gyatso Rinpoche. Desde então, ele tem trabalhado incansavelmente para difundir o Budismo Kadampa por todo o mundo, dando extensos ensinamentos, escrevendo textos profundos sobre o Budismo Kadampa e fundando a Nova Tradição Kadampa-União Budista Kadampa Internacional (NKT–IKBU), que hoje congrega mais de 1.200 Centros Budistas Kadampa em todo o mundo. Cada um desses centros oferece programas de estudo sobre *psicologia, filosofia* e *instruções sobre meditação* budistas, bem como retiros para todos os níveis de praticantes. A ênfase está na integração dos ensinamentos de Buda na vida diária para solucionar nossos problemas humanos e difundir paz e felicidade duradouras por todo o mundo.

O Budismo Kadampa da NKT–IKBU é uma tradição budista totalmente independente e sem filiações políticas. É uma associação de centros budistas e de praticantes que se inspiram e se orientam a partir do exemplo e ensinamentos dos mestres kadampa do passado, conforme apresentados por Venerável Geshe Kelsang Gyatso Rinpoche.

Existem três razões pelas quais precisamos estudar e praticar os ensinamentos de Buda: para desenvolver nossa sabedoria, cultivar um bom coração e manter um estado mental pacífico. Se não nos empenharmos em desenvolver nossa sabedoria, sempre permaneceremos ignorantes da verdade última – a verdadeira natureza da realidade. Embora desejemos felicidade, nossa ignorância nos leva a cometer ações não-virtuosas, que são a causa principal de todo o nosso sofrimento. Se não cultivarmos um bom coração, nossa motivação egoísta destruirá a harmonia e as boas relações que temos com os outros. Não teremos paz nem chance de obter felicidade pura. Sem paz interior, a paz exterior é impossível. Se não mantivermos um estado mental pacífico, não seremos felizes, mesmo que tenhamos condições ideais. Por outro lado, quando nossa mente está pacífica, somos felizes, ainda que as condições exteriores sejam desagradáveis. Portanto, o desenvolvimento dessas qualidades é da maior importância para nossa felicidade diária.

Venerável Geshe Kelsang – ou "Geshe-la", como é afetuosamente chamado por seus alunos – organizou três programas espirituais especiais para o estudo e a prática sistemáticos do Budismo Kadampa. Esses programas são especialmente adequados para o mundo moderno: o Programa Geral (PG), o Programa Fundamental (PF) e o Programa de Formação de Professores (PFP).

PROGRAMA GERAL

O Programa Geral (PG) oferece uma introdução básica à visão, meditação e prática budistas que é ideal para iniciantes. Também inclui ensinamentos e práticas avançadas, tanto de Sutra como de Tantra.

PROGRAMA FUNDAMENTAL

O Programa Fundamental (PF) oferece uma oportunidade de aprofundar nossa compreensão e experiência do Budismo por meio do estudo sistemático de seis textos:

1. *Caminho Alegre da Boa Fortuna* – um comentário às instruções de Lamrim, as Etapas do Caminho para a iluminação, de Atisha.
2. *Compaixão Universal* – um comentário ao *Treino da Mente em Sete Pontos*, do Bodhisattva Chekhawa.
3. *Novo Oito Passos para a Felicidade* – um comentário às *Oito Estrofes do Treino da Mente*, do Bodhisattva Langri Tangpa.
4. *Novo Coração de Sabedoria* – um comentário ao *Sutra Coração*.
5. *Contemplações Significativas* – um comentário ao *Guia do Estilo de Vida do Bodhisattva*, do Bodhisattva Shantideva.
6. *Como Entender a Mente* – uma explicação detalhada da mente, com base nos trabalhos dos eruditos budistas Dharmakirti e Dignaga.

Os benefícios de estudar e praticar esses textos são:

(1) *Caminho Alegre da Boa Fortuna* – obtemos a habilidade de colocar em prática todos os ensinamentos de Buda, tanto de Sutra como de Tantra. Podemos facilmente fazer progressos e concluir as etapas do caminho para a felicidade suprema da iluminação. Do ponto de vista prático, o Lamrim é o corpo principal dos ensinamentos de Buda, e todos os demais ensinamentos são como seus membros.

(2) *Compaixão Universal* e (3) *Novo Oito Passos para a Felicidade* – obtemos a habilidade de integrar os ensinamentos de Buda em nossa vida diária e de solucionar todos os nossos problemas humanos.

(4) *Novo Coração de Sabedoria* – obtemos a realização da natureza última da realidade. Por meio dessa realização, podemos eliminar a ignorância do agarramento ao em-si, que é a raiz de todo o nosso sofrimento.

(5) *Contemplações Significativas* – transformamos nossas atividades diárias no estilo de vida de um Bodhisattva e, desse modo, tornando significativo cada momento da nossa vida humana.

(6) *Como Entender a Mente* – compreendemos a relação entre nossa mente e seus objetos exteriores. Se entendermos que os objetos dependem da mente subjetiva, poderemos mudar a maneira como esses objetos nos aparecem, por meio de mudar nossa própria mente. Gradualmente, vamos adquirir a habilidade de controlar nossa mente e, desse modo, solucionar todos os nossos problemas.

PROGRAMA DE FORMAÇÃO DE PROFESSORES

O Programa de Formação de Professores (PFP) foi concebido para as pessoas que desejam treinar para se tornarem autênticos professores de Dharma. Além de concluir o estudo de quatorze textos de Sutra e de Tantra (e que incluem os seis textos citados acima), o aluno deve observar certos compromissos que dizem respeito ao seu comportamento e estilo de vida e concluir um determinado número de retiros de meditação.

Um Programa Especial de Formação de Professores é também mantido pelo *Manjushri Kadampa Meditation Centre*, Ulverston, Inglaterra, e pode ser realizado tanto presencialmente como por correspondência. Esse programa especial de estudo e meditação consiste em doze cursos fundamentados nos seguintes livros do Venerável Geshe Kelsang Gyatso Rinpoche: *Como Entender a Mente*; *Budismo Moderno*; *Novo Coração de Sabedoria*; *Solos e Caminhos Tântricos*; *Guia do Estilo de Vida do Bodhisattva*, de Shantideva, e seu comentário – *Contemplações Significativas*; *Oceano de Néctar*; *Novo Guia à Terra Dakini*; *As Instruções Orais do Mahamudra*; *Novo Oito Passos para a Felicidade*; *O Espelho do Dharma com Adições*; *Essência do Vajrayana*; e *Caminho Alegre da Boa Fortuna*.

Todos os Centros Budistas Kadampa são abertos ao público. Anualmente, celebramos festivais em muitos países ao redor do mundo, incluindo dois festivais na Inglaterra, nos quais pessoas do mundo inteiro reúnem-se para receber iniciações e ensinamentos especiais e desfrutar de férias espirituais. Por favor, sinta-se à vontade para nos visitar a qualquer momento!

Para mais informações sobre os programas
de estudo da NKT –IKBU ou para encontrar
o Centro Budista mais próximo de você,
por favor, acesse www.kadampa.org
ou entre em contato com:

Centro de Meditação
Kadampa Brasil
www.budismokadampa.org.br

Centro de Meditação
Kadampa Mahabodhi
www.meditadoresurbanos.org.br

Centro de Meditação
Kadampa Rio de Janeiro
www.meditario.org.br

Centro de Meditação
Kadampa Campinas
www.budismocampinas.org.br

Escritórios da Editora Tharpa no Mundo

Atualmente, os livros da Tharpa são publicados em inglês (americano e britânico), alemão, chinês, espanhol, francês, italiano, japonês e português (do Brasil e de Portugal). Os livros na maioria desses idiomas estão disponíveis em qualquer um dos escritórios da Editora Tharpa listados a seguir.

Tharpa UK
Conishead Priory
Ulverston
Cumbria, LA12 9QQ, Reino Unido
Tel: +44 (0)1229-588599
Web: www.tharpa.com/uk
E-mail: info.uk@tharpa.com

Tharpa Estados Unidos
47 Sweeney Road
Glen Spey NY 12737, EUA
Tel: +1 845-856-5102
Web: www.tharpa.com/us
E-mail: info.us@tharpa.com

Tharpa África do Sul
26 Menston Road, Westville
Durban, 2629, KZN
Rep. da África do Sul
Tel: +27 (0) 31 266 0096
Web: www.tharpa.com/za
E-mail: info.za@tharpa.com

Tharpa Alemanha
Chausseestraße 108,
10115 Berlim, Alemanha
Tel: +49 (030) 430 55 666
Web: www.tharpa.com/de
E-mail: info.de@tharpa.com

Tharpa Ásia
1st Floor Causeway Tower,
16-22 Causeway Road,
Causeway Bay,
Hong Kong
Tel: +(852) 2507 2237
Web: tharpa.com/hk-en
E-mail: info.asia@tharpa.com

Tharpa Austrália
25 McCarthy Road
Monbulk, VIC 3793
Austrália
Tel: +61 (3) 9756-7203
Web: www.tharpa.com/au
E-mail: info.au@tharpa.com

Tharpa Brasil
Rua Artur de Azevedo, 1360,
Pinheiros, 05404-003
São Paulo – SP
Brasil
Tel: +55 (11) 989595303
Web: www.tharpa.com/br
E-mail: contato.br@tharpa.com

Tharpa Canadá (em inglês)
631 Crawford Street
Toronto ON, M6G 3K1
Canadá
Tel: (+1) 416-762-8710
Web: www.tharpa.com/ca
E-mail: info.ca@tharpa.com

Tharpa Canadá (em francês)
835 Laurier est Montréal,
QC,H2J 1G2, CANADÁ
Tel: (+1) 514-521-1313
Web: tharpa.com/ca-fr/
E-mail: info.ca-fr@tharpa.com

Tharpa Chile
Av. Seminario 589, Providencia,
Santiago, Chile
Tél: +56 (9) 91297091
Web: tharpa.com/cl
Email: info.cl@tharpa.com

Tharpa Espanha
Calle La Fábrica 8, 28221
Majadahonda, Madrid
Espanha
Tel.: +34 911 124 914
Web: www.tharpa.com/es
E-mail: info.es@tharpa.com

Tharpa França
Château de Segrais
72220 Saint-Mars-D'outillé,
França
Tél: +33 (0)2 52 36 03 89
Web: tharpa.com/fr
E-mail: info.fr@tharpa.com

Tharpa Japão
KMC Tokyo, Tokyo,
2F Vogue Daikanyama II,
13-4 Daikanyama-cho,
Shibuya-ku, Tóquio,
150-0034, Japão
Web: kadampa.jp
E-mail: info@kadampa.jp

Tharpa México
Enrique Rébsamen n° 406,
Col. Narvate Poniente
Cidade de México,
CDMX, C.P. 03020, México,
Tel: +52 (55) 56 39 61 80
Web: www.tharpa.com/mx
Email: info.mx@tharpa.com

Tharpa Nova Zelândia
2 Stokes Road, Mount Eden,
Auckland 1024, Nova Zelândia
Tel: +64 09 631 5400
Web: tharpa.com/nz
E-mail: info.nz@tharpa.com

Tharpa Portugal
Rua Moinho do Gato, 5
Várzea de Sintra
Sintra, 2710-661 – Portugal
Tel.: +351 219 231 064
Web: tharpa.pt
E-mail: info@tharpa.pt

Tharpa Suécia
c/o KMC Stockholm,
Upplandsgatan 18, 113 60
Estocolmo, Suécia
Tel: +46 (0) 72 251 4090
Email: info.se@tharpa.com

Tharpa Suíça
Mirabellenstrasse 1 CH-8048
Zurique, Suíça
Tel: +41 44 461 36 88
Web: tharpa.com/ch
E-mail: info.ch@tharpa.com

Índice remissivo

A letra "g" indica que consta no glossário

A

abluição 24
absorção-sem-discriminação 160, g
ações e efeitos 164. *ver também* carma
ações não virtuosas 14, 82, 182, 221. *ver também* mal
  abandonar 32, 54
  causas 77
  resultados das 46, 79–80, 85, 104, 105–106, 175
ações virtuosas 14, 46, 61, 65
  acumular 53
  inexauríveis 15
  resultados das 106, 110
agarramento à existência verdadeira 156, 183. *ver também* agarramento ao em-si
agarramento ao em-si 7, 154, 185, g. *ver também* agarramento à existência verdadeira
  abandonar 119, 131, 166
  do corpo 63, 135
  do eu 133–134, 140–141, 144

agarramento ao verdadeiro g *ver também* existência verdadeira, agarrar-se à
agregados 165, 171, g
Akashagarbha 30. *ver também* Oito Grandes Filhos
Akashagarbha, Sutra 69
alegria, poder da 109–110
analogias
  abelha e pólen 117
  algodão 112
  árvore-que-concede-desejos 38
  ator 163
  autoconhecedores 153–154
  bananeira 15, 165
  barco 63, 101
  batalha 47–50, 76
  bodhichitta 15, 39
  castelo de areia 88
  cavalo e carroça 128
  cegonha, gato e ladrão 64
  couro 55
  elefante 53, 59, 110
  elixir 15
  ferimento 56
  fogo do éon 16
  ganso selvagem 132
  grama seca 84–85
  jarro de óleo 111

leão e raposas 109
lótus 106
madeira 58, 60–61
médico, remédio e enfermeiro
   6, 31, 36, 50, 66, 69,
   102–103, 158–159
mel no fio de uma lâmina 110
membros do corpo 133
ministro do rei 94
pai e filho 162–163, 174
pé e mão 131
peixe 101
pote furado 57
recém-casada 142
relâmpago 14
serpente e corvos 108
serpente no colo 111
tartaruga 46
vara 79
animais 66, 102, 192
anseio 80, 160, 170
anticonsciencciosidade 29,
   143, g
antivigilância 59, g
aparência 150
aparência dual 149, g
apego 7, g
   abandonar o 60, 61, 115–
      121, 120, 143
   a dormir 99
   ao corpo 62–63, 81, 120,
      121–127, 135, 143–144
   ao parceiro sexual 121–127
   aos amigos 61–62, 84–85,
      116–117
   aos prazeres mundanos 32,
      99, 118, 128
   à reputação 115

às causas do sofrimento 80
a uma mulher ilusória 155–156
à vida mundana 115, 128
extremo do 160, g
falhas do 116, 121–128
apreciar os outros 6, 65, 92,
   133, 134, 136–138. *ver
   também* equalizar eu
   com outros; trocar eu
   com outros
arco-íris 181
Arhat 159–160, g
arrependimento 47
   poder do 27–29
Arya g
ascetas 75, 184
aspiração, poder da 104–107
átomos 167
ausência de existência inerente
   78, 150. *ver também* vacuidade; ausência de
   existência verdadeira
   das sensações 169
   do corpo 121
ausência de existência verdadeira 155, 160, 173.
   ver também vacuidade;
   ausência de existência
   inerente
   do nirvana 152, 181
   do samsara 181
autoapreço 7, 79, 129–130, g
   abandonar o 135–137,
      140–145
   espírito horripilante 137
   falhas do 134, 135–137,
      140, 143
autoconfiança 107–109

autoconhecedor 152–154, g
Avalokiteshvara 25, 30, 134, 192, g. *ver também* Oito Grandes Filhos
avareza 43, g

B

base de imputação 172, g
bênçãos 14, 89, 106, 134, g
Biografia de Shri Sambhava 68
boas qualidades
  da solitude 129
  de Buda 92
  de um Bodhisattva 104
  do sofrimento 75, 76
  dos outros 64, 85–86
  próprias 64, 86, 142
bodhichitta 66, 86, 121, g
  analogias para a 15, 39
  benefícios da 14–19, 39, 103–104
  falhas de abandonar 43–44
  manter a 23–43
  razões para os benefícios da 16–17
  tipos 16, 43. *ver também* bodhichitta aspirativa; bodhichitta de compromisso
bodhichitta aspirativa 16, 43, g
bodhichitta de compromisso 35–40, 43, 69, g
  benefícios 16
Bodhisattva 15, 132, 157, g
  objeto de louvor 18–19
  obstruir 44
Brahma 17, g
Brâmane 157

Buda 6, 67, 118, 152, g
  agradar 93
  boas qualidades 58, 92, 136
  citações de 18, 54, 55, 91, 105, 152
  como ilusão 151, 157
  ensinamentos. *ver* ensinamentos, de Buda
  forma de 15, 157
  incontáveis 45
  linhagem 39
  linhagem de 39
  médico 31, 103, 158
  não tem mente conceitual 156–157
  natureza dos seres vivos 93
  Navegante 15
  onisciente 57, 66
  pedir que ensine 36
  pedir que permaneça 36
  raridade 45, 184
  refúgio 30, 105
  retribuir bondade 92–93
Budeidade. *ver* iluminação
Budismo Kadampa 225–226, g

C

calúnia 81, 161
campo de mérito 91
campo de seres iluminados 91
campo dos seres sagrados 65
campo dos seres vivos 65, 91
carma 80, 84, 105–106, 164, 175, g
causa e efeito 151–152, 174–181, 176, 179. *ver também* carma
  como ilusão 78, 180

cessação 181
Chekhawa, Bodhisattva 6, g
Chittamatra 152, g
  refutação 152–157
coisa funcional 178, 181, g
coleção 131, 171
  de mérito 157, 185, g
  de sabedoria 157, g
compaixão 61, 132, 184, g
  nominalmente existente 165
Compêndio Condensado dos Sutras 69
Compêndio de Treinos 69
competitividade 117
  meditação sobre 138–140
concentração 59, 115–145, g
  perfeição de 55
condição-objeto 172
conduta corporal 58–59, 60, 63–64, 66–67
confiança, poder da 29–30, 68
confissão 27–28, 32, 93, g
  ver também purificação
confusão 47, 56
  não-deludida 160
conhecedor válido 172, 178, 179, g
  convencional 150
consciência. *ver também* mente
  mental 171
  objeto 162, 170, 171, 173
  permanente 162
  sensorial 172
  verdadeiramente existente 173
conscienciosidade 43, 58, 112, 145, g

de abandonar delusões 47–50
de abandonar não-virtudes 45–47
em relação à bodhichitta 43–45
constância, poder da 107–109
contato 170, g
contentamento 143, g
contínua-lembrança 101, 111, 142, g
corda da 53
falhas de não ter 57
continuum 131, 152
  de pessoa 164, 165
  do sofrimento 78
corpo 55, 80, 81. *ver também* apego, ao corpo
  abandonar o apego 62–63, 120, 144
  como um barco 63, 101
  como um sonho 168
  dar 36, 66, 102, 103
  impermanência do 45, 120
  impuro 15, 62, 121–126, 150
  inimigo 135
  oferecer 30
  oferecer o 24
  partes do 166, 167
  sem essência 62
  verdadeiramente existente 167
Corpo-Verdade 13, g
criador independente de tudo 77, 162, 163, 177
crítica 118
culpa 7, 80

D

dar 59, 73, 90, 135
  comida 18, 66, 103
  felicidade 141
  o próprio corpo 36, 66, 102, 103
  perfeição de 54, 65
  treino em 36–38
dedicatória 36, 68, 106, 189–198, g
delusões 7, 115, 184, g
  abandonar 47–50, 76, 107, 109, 159
  armas 110
  como ilusões 50
  doenças das 31
  falhas 47–48
  gatunas 57
  inimigo 47–50, 110
  manifestas 159–160
  oponentes às 61
  pescador 87
  secundárias 59
desânimo 101–104
Destruidor de Inimigos. *ver* Arhat
deus 15, 40, 47, g
  de longa vida 101
  do primeiro reino da forma 55
dez direções 27, 49, g
Dharma 83, 91, 158, 225, g
  ver também prática de Dharma
  alegria do 101, 110
  atividades de 65, 107
  detentores do 159
  raiz do 105
  refúgio no 27, 30
  remédio 31, 66, 69, 158
  vasto e profundo 66
disciplina moral 53–69, 196
  de beneficiar os outros 65–67
  de restrição 58–61
  de reunir virtudes 61
  perfeição de 54
discurso divisor 60
discurso ofensivo 60, 75, 81
distrações 55, 115, g
  superar as 58–59
doença 45, 56, 75, 76, 135, 183
dor 7, 76. *ver também* sofrimento
  causas de dor física 80, 103, 105
  causas de dor mental 103, 105
duas verdades 149, 172–173
dúvidas 184

E

elementos 38, 175
elogio. *ver* louvor
ensinamentos. *ver também* Dharma
  de Buda 6, 68, 140, 158–159, 225–226
  de Shantideva 185
  solicitar 36
envelhecimento 184
equalizar eu com outros 6, 101, 129–133
esforço 48, 56, 99–112, 145
  definição 99

espíritos famintos 43, 135, 192, g
estabilização mental 115–145, g
estado natural de nirvana 171, 173
estilo de vida do Bodhisattva 7, 66, 68, 102, 152
estreito posicionamento da contínua-lembrança
 da mente 171–172
 das sensações 168–171
 do corpo 166–168
estupa 26, 83, g
etapas do caminho. *ver* Lamrim
eu g
 como ilusão 61
 continuum 164, 165
 inencontrável 165
 material 164
 meramente imputado 165
 permanente 77, 161–165, 175
 verdadeiramente existente 161
existência inerente 150, g
existência verdadeira 179, g
  ver também verdadeiramente existente; agarramento ao verdadeiro
 agarrar-se à 156, 183
expressão de adoração 13
extremo do apego 160, g
extremo do medo 160, g

F

faculdade sensorial 169. *ver também* seis faculdades

falhas 141
 dos outros 60
falsamente existente 131, 150
falso 163, 179
fama 87
familiaridade 75, 133, 134
fator mental g
fé 45, 57, 61, 65, 86, 105, g
 resultados da 19, 157
felicidade 136, 182
 a partir do Dharma 101, 110
 causas de 64, 75, 106, 136, 175
dar 141
desejo por 55, 129, 130, 143, 182, 221
destruir 18, 44
 dos outros 49, 64, 85–86, 130, 136, 137
 física 103
 impermanente 82
fenômeno negativo não-afirmativo 149, g
filha de uma pessoa estéril 154
forças demoníacas 184
forma
 como ilusão 150, 152, 154
 e consciência 170, 173
 verdadeiramente existente 155, 173
fortuna 82, 88. *ver também* riqueza

G

Garuda 157
guardar vigilância 53–69
 característica definidora 69

guardiões do inferno 48, 53,
    80, 87, 94, 143
Guia Espiritual 27, 32, 57, 68,
    83, 198, g

H

habilidade 65
herói 76, 109
Hinayana 158, g
humildade 64, 197, g

I

ignorância 27, 80. *ver também*
    agarramento ao em-si
iluminação 6, 102, g
  caminho à 6
  causa da 14, 91, 94
  nominalmente existente 165
  pequena 158
ilusão 78, 154–155, 170, 180
  causas de 151
impermanência 28–29, 82,
    116, 128, 150, 178
  das posses 82, 118
  do corpo 45, 119
  dos amigos 29, 32, 116, 120
  dos inimigos 32
  dos prazeres 88
imputação 155, 162, 165,
    167, 169, 172, g
infelicidade 74, 182
        ver também sofrimento
inferno 31, 47, 80, 92, 132,
    189–191, g
  causas do 18, 46, 47, 80, 94,
    135
  criador do 54

infernos quentes 101, 106
  medo do 56, 101, 111
  sofrimentos do 50, 53, 85,
    101, 111, 128
inimigo 75, 78, 86, 87, 116
  causa de paciência 89
  corpo 135
  da raiva 74
  das delusões 47–50, 110
  da visão presunçosa 108
  destruir 50, 55
  do autoapreço 135
  impermanência 32
intenção 105, 106. *ver também* aspiração
inveja 86, 117, 122, 141
  meditação sobre 138–140
iogue/ioguine 150, 169, g
Ishvara g
  refutação de 175

J

Je Tsongkhapa 6, g
Joia-que-Satisfaz-os-Desejos
    63, g
Joias Dharma 26. *ver também*
    Três Joias

K

Kadampa 6, g
Kapila 179
Karnapa, povo de 75
Kashyapa 159
Ksitigarbha 30. *ver também*
    Oito Grandes Filhos

L

Lamrim 225, g
Langri Tangpa, Bodhisattva 6, g
libertação 44, 89, 149, 158, g
   ver também nirvana
   auto/solitária 158, 160
linhagem de Buda 39
louvor (elogio) 87, 88-89,
   117, 118, 142, 182
   aos outros 64, 85-86
   aos seres sagrados 18, 26
   procurar 60

M

macho/fêmea 168
Madhyamika 149, 150, g
mãe 17, 27, 93, 105, 135, 180
   de Buda 192
   seres vivos mães 36
mágico 155-156, 180
Mahayana 158, 184, g
   escrituras 158-159
Maitreya 16, g. *ver também*
   Oito Grandes Filhos
mal 27, 46, 54. *ver também*
   não-virtude
   abandonar 14, 16
maleabilidade 112
Manjushri 25, 26, 30, 191,
   197, 198, g. *ver também*
   Oito Grandes Filhos
mantra 55, g
   nominal 134
matar 54, 135
   uma ilusão 151
Mayadevi 192
meditação g

medo 30, 54, 104
   abandonar 15, 30, 53
   causa do 105, 135
   da vacuidade 161
   do inferno 56, 101, 111
   dos reinos inferiores 57
   extremo do 160, g
memória 28, 154
mendigo 90
mente 124, g. *ver também*
   consciência
   analítica 172
   como ilusão 151
   conceitual 156, 172, g
   controlar a 60-61
   criadora de tudo 54
   equivocada 149, 172
   guardar a 53-69
   não é o *self* 165
   natureza da 152-155
mente primária g
mera aparência 150
mérito 24, 29, 68, 106, 157, g
   campo de 91
   coleção de 157, 185, g
   como ilusão 151, 157
   destruição 57, 73, 84, 86
Monte Meru 47, 62, g
morte 31, 62, 118, 184. *ver também* Senhor da Morte
   hora da 29, 46, 81-82, 100, 120
mulher ilusória 155, 156

N

Nagarjuna 69, g
não-coisa 181

não-existente 180, g
nascimento 120
natureza da mente 152-156
nirvana 35, 37. *ver também*
 libertação
 carece de existência verdadeira 152, 181
Nova Tradição Kadampa 226.
 ver também Tradição
 Kadampa

O

objeto de negação 179, g
objeto externo 152
obstáculos cármicos 45
obstruções
 à libertação 145, g
 à onisciência 145, 160 g
obstruções-delusões 160. *ver também* obstruções à libertação
ódio. *ver* raiva
oferendas 23-26, 73, 151, 157, 196
 mentalmente transformadas 24-26
 oferecer nosso corpo 24
 sem dono 23-24
Oito Estrofes do Treino da Mente 6, g
Oito Grandes Filhos 30, g
oito interesses mundanos 182, g
orgulho 48, 108, 117, 118, g
 abandonar 133, 134
 meditação sobre 138, 139-140
Ouvinte 103, 196, g

P

paciência 73-95, g. *ver também* paciência de não retaliar
 benefícios 76, 94-95
 de pensar definitivamente sobre o Dharma 76-77
 de voluntariamente aceitar o sofrimento 74-75. *ver também* provações
 objetos da 83
 perfeição de 55
 paciência de não retaliar 78-94
 objeções à 81
 por contemplar nossas próprias falhas 79
 por desenvolver compaixão 78-79
 por superar a causa da raiva 79-80
pai 17, 27, 135, 162
Pämapani 191
paranirvana 36, 67
parceiro sexual 78, 121-127
partes direcionais 167
partículas impartíveis 169, 176
pensamentos prejudiciais 87
percepção. *ver* mente
perfeição de dar 54, 65
perfeição de disciplina moral 54
Perfeição de Sabedoria, Sutras 159, g
permanente 181
 mente 162

prazer 178
self 77, 162–164, 175
pessoa. *ver self* / eu
pessoas ordenadas 66, 196, 197
posses 126–128, 135
  perder as 82, 118
Prasangika 149, 150, g
prática de Dharma 6, 46, 101, 105, 107, 111
  bases 45, 158
práticas do método 149, g
prazeres mundanos 32, 99, 110, 178
  enganosos 88
preceitos 50, 69
preces 55, 106, 157
preciosa vida humana 14, 62, 88, 102
  brevidade 27–29, 45
  desperdício 45, 105, 128, 137, 183
  raridade 45–47, 184
  significado 8
preguiça 108, 111
  da atração por não-virtudes 101
  da indolência 99–101
  do desânimo 101–104
prejuízo 79, 80
pretensão ou fingimento 133, 134, g
princípio geral 163, 176–177
problemas 7, 127, 142. *ver também* sofrimento
produção
  de existentes e não-existentes 180–181

sem causa 174, 180
promessa 43, 45, 49
  poder da 32
proponentes de coisas 149, 150, 159, g
prostração 13, 19, 26, 32, g
provações 196
  aturar 55, 85, 109, 128, 132. *ver também* paciência, de voluntariamente aceitar o sofrimento
purificação 23–27, 46, 104, g
  quatro poderes oponentes 23–32, g. *ver também* cada um deles

Q

Quatro Nobres Verdades 158, g
quatro poderes 104. *ver também* cada um deles
quatro poderes oponentes 23–32, g. *ver também* purificação
quedas 57, 108
  do Bodhisattva 44

R

raiva 7, 48, 144, g
  abandonar a 55, 60, 73–95
  dependente de causas 76–78
  falhas da 73–74
razão para escrever 13
Realizador Solitário 196, g
refúgio 19, 27, 29, 105, g
  em Buda 30
  no Dharma 30, 31
  na Sangha 30

refutação das partículas permanentes impartíveis 169, 176
refutação das sensações permanentes 178
refutação das sensações verdadeiramente existentes 168–172
refutação de Ishvara 175
refutação de produção a partir de nenhuma causa 175–176
refutação do princípio geral 176–179
refutação dos autoconhecedores 152–154
refutação dos Chittamatrins 152–157
    refutação do self permanente 77–78
refutação dos materialistas 164–165
refutação dos proponentes de coisas 150–152
refutação dos Shamkyas 161–163, 175–180
regozijo 35, 64–65, 86
rei chakravatin 95, g
reino da forma 55, g
reinos inferiores 57, 128, 183, 184, g
    causas dos 45, 57, 135–136
rejeição, poder de 110
relicário 157
renascimento 151
renascimento inferior 183. *ver também* reinos inferiores
    causas de 135–136
renascimento superior 182–183. *ver também* preciosa vida humana
    causas de 135–136
renúncia 75, g
reputação 66, 73, 87, 89, 94, 95, 115, 121, 182
    perder a 56, 88, 118
respeito 58, 60, 61, 86
riqueza 60, 73, 89, 127, 143, 192
    dar 36
    perder a 56, 82
roubar 135

S

sabedoria 8, 76
    coleção de 157, g
    de ouvir, contemplar e meditar 56
    que realiza a vacuidade 149–152
sabedoria onisciente 44, 55
Samantabhadra 25, 26, 30, 191, g. *ver também* Oito Grandes Filhos
Samkhya 162, 175, 176, g
samsara 44, 48, 75, 127, 155, g
    ausência de existência inerente 181
    moradas do 160
    sofrimentos do 99, 183
Sangha 105, 195, g
seis faculdades 169, 171, g
seis perfeições 54, 65, 106, g
    ver também cada uma delas
self. ver eu

self permanente independente 172–173
semente e broto 174, 180
semideus 40, 47, g
Senhor da Morte 28, 63, 99, 100, 106, 122, 184, 190, g
  mensageiros 29, 30
sensações 7, g
  agradáveis 160
  causa das 168
  refutação da existência verdadeira das 168–171
  refutação da permanência das 178
senso de vergonha 58, 61, g
sepulcrário 119, 125, 126
seres infantis 61, 79, 80, 89, 116, 117, 119, 136
seres mundanos 48, 107, 116, 118, 128
seres vivos 18, 118, 130, 191, g
  campo de 65, 91
  causa da iluminação 65, 90
  como ilusão 50, 151, 165, 181
  enganar 43, 44
  mães 36
  natureza de Buda 93
  ser iluminado 27, 91. *ver também* Buda
servo 24, 38, 63, 92, 93, 141
Shantideva 6
sofrimento 7, 80, 82, 101, 136. *ver também* inferno, sofrimentos do
  boas qualidades 75, 76
  causado pela mente 54
  causado por delusões 48, 121, 136, 154
  causado por não-virtude 80, 104, 175
  como ilusão 78
  tomar o sofrimento alheio 75, 93, 130–132, 136, 165
solitude 115, 117, 129, 197
  benefícios da 118–121, 129
solos espirituais 44
som 162
sonho 28, 82, 170, 181
sono 67, 99, 111, 145
Sudhana, Bodhisattva 16
Sugata 18, 26, 38, 190, g
suicídio 78–79
Sukhavati 189, g
Supushpachandra, Bodhisattva 132
Sutra dos Três Montes Superiores 68
Sutra solicitado por Subahu 17
Sutra Vajradotsa 107

T

Tathagata 17, 45, 93, 102, 119, g
tempos sem início 27, 46, 128, 175, g
Terra Pura 106, 189, g
tomar e dar 6, 141, 197
Tradição Kadampa g
tranquilo-permanecer 115, 154, 169, g
treinar a mente 55, g
Treinar a Mente em Sete Pontos 6, g

Três Joias 27, 68, 83, g
três mundos 54, 92, g
três treinos superiores 158, g
trocar eu com outros 6, 101, 133–144
  completar por meio de ação 139–145
  completar por meio de reflexão 137–139
  de Buda 93

V

vacuidade 103, 116, 121, 151, 158, 160. *ver também* ausência de existência inerente; ausência de existência verdadeira
  caminho da 183
  da mente 170
  de fenômenos 168–172
  de pessoas 161–169, 170, 171
  do corpo 166–167
  medo da 161
  não existência verdadeira 156, 179
  visão correta da 145
Vaibhashika 158, 159, g
Vajrapani 30, 191, g. *ver também* Oito Grandes Filhos
vasto e profundo Dharma 66
verdade 155
verdade convencional 149, 172, g
verdadeiramente existente g
  cessação 181
  coisa 177, 180, 181
  corpo 166, 167, 168

eu (*self*) 161, 163
forma 170, 173
mente 159, 170, 172–173, 174
sensação 160, 168, 169, 170
verdade última 149. *ver também* vacuidade
vida comum 107
vidas anteriores 32, 183
vidas futuras 65, 66, 107, 183, 197
vigilância 53–69, 101, 142
  característica definidora 69
  falhas de não ter 56–57
visão presunçosa 60, 108, 109
visão superior 115, 169, g
visões errôneas 105
voto Bodhisattva 44, 69, 81
  tomar 39

Projeto Internacional de Templos

O **Projeto Internacional de Templos** foi fundado por Venerável Geshe Kelsang Gyatso Rinpoche com o objetivo de apresentar, publicamente, a fé e a prática budistas da Nova Tradição Kadampa, assim como para dar exemplo da prática budista contemporânea por meio de serviço público.

Esse objetivo é alcançado por meio da construção de Templos (tanto tradicionais quanto não tradicionais), Centros de Meditação, Centros de Retiro e também pelas atividades dos Cafés pela Paz Mundial e das Editoras Tharpa.

Este livro é publicado sob os auspícios do Projeto Internacional de Templos da NKT-IKBU, e o lucro recebido com a sua venda está direcionado para benefício público através desse fundo. [Reg. Charity number 1015054 (England)].

TEMPLO KADAMPA PELA PAZ MUNDIAL
NO CENTRO DE MEDITAÇÃO KADAMPA BRASIL, CABREÚVA, BRASIL
UM DOS MUITOS TEMPLOS KADAMPA FUNDADOS PELO AUTOR.

Para mais informações sobre o Projeto Internacional de Templos, visite **tharpa.com/br/beneficie-todos**

Encontre um Centro de Meditação Kadampa Próximo de Você

Para aprofundar sua compreensão deste livro e de outros livros publicados pela Editora Tharpa, assim como a aplicação desses ensinamentos na vida diária, você pode receber ajuda e inspiração de professores e praticantes qualificados.

As Editoras Tharpa são parte da comunidade espiritual da Nova Tradição Kadampa. Esta tradição possui mais de 1.200 Centros e filiais em mais de 40 países ao redor do mundo. Todos os Centros e suas filiais oferecem aulas de estudo e meditação com base neste e em outros livros sobre Budismo moderno e meditação, ensinados por professores qualificados. Para mais detalhes, consulte *Programas de Estudo do Budismo Kadampa* (ver páginas 225-229).

Essas aulas proporcionam uma oportunidade especial para explorar os temas apresentados nos livros do Venerável Geshe Kelsang Gyatso Rinpoche e foram desenvolvidas para se adequarem confortavelmente ao estilo de vida moderno.

Para encontrar o seu Centro Kadampa local, visite:
tharpa.com/br/centros

Contemplações Significativas, de Venerável Geshe Kelsang Gyatso Rinpoche, é um comentário verso por verso ao *Guia do Estilo de Vida do Bodhisattva*, de Shantideva. Publicado pela primeira vez em 1980, este livro, altamente aclamado, explica em detalhe como praticar todos os ensinamentos contidos no texto de Shantideva.

Disponível em livrarias, nos Centros de Meditação Kadampa e suas filiais, e também no *site* da Editora Tharpa Brasil, www.tharpa.com/br